지도로 읽는
분쟁 세계사

Funso Kara Yomu Sekaishi
Copyright ⓒ Toyoshi Aramaki 2024
First published in Japan in 2024 by DAIWA SHOBO Co., Ltd.
Korean translation rights arranged with DAIWA SHOBO Co., Ltd.
through BC Agency.
Korean edition copyright ⓒ 2025 by BADA PUBLISHING Co., Ltd.

이 책의 한국어판 저작권은 BC에이전시를 통해
저작권자와 독점계약을 맺은 바다출판사에 있습니다.
저작권법에 의해 한국 내에서 보호를 받는 저작물이므로 무단전재와 무단복제를 금합니다.

아라마키 도요시 지음
김해경 옮김

지도로 읽는
분쟁
세계사

바다출판사

일러두기
· 본서의 내용은 2024년 6월 기준으로 작성되었다.
· 저자가 강조한 부분은 볼드체로 표기했다.
· 도서명의 경우, 한국어판이 없는 경우에만 원서명을 표기했다.

서문
'분쟁'이란 무엇인가

  이 책은 현재 세계에서 일어나고 있는 분쟁에 대해 그 배경을 설명하고자 합니다.
  먼저, 분쟁이란 무엇인가에 대해 이야기해 보겠습니다.
  '세계 곳곳에서 분쟁이 일어나고 있다는 건 알겠는데, 어디서 어디와 분쟁을 하고 있지?' 이렇게 의문을 갖는 분들도 있을 것입니다.
  이런 의문이 드는 이유는 분쟁이라고 하면 무력분쟁만을 떠올리기 때문입니다. 실제로 각종 언론 매체를 살펴봐도 국내에서 일어나는 '다툼'이나 나라 간의 '다툼'을 '분쟁'이라는 말로 설명하는 경우는 거의 찾아볼 수 없습니다.
  영토를 둘러싼 문제라고 하면 독도, 센카쿠 열도 등이 떠오르지만, 이를 '영토 문제'라고 표현하는 경우는 있어도 '영토 분쟁'이라고 표현하는 경우는 많지 않습니다.

세상에는 다양한 다툼이 존재합니다. 예를 들어 이웃이 매일 밤 소란을 피워 시끄럽다고 주의를 주어도 상황이 나아지지 않는 경우도 다툼입니다. 이러한 일로 법정에 간다면 이때는 민사분쟁이라는 말을 사용하게 됩니다.

본편에서 소개하겠지만 《기억의 정치: 유럽의 역사인식 분쟁記憶の政治—ヨーロッパの歷史認識紛争》이라는 책이 있습니다. 책 제목에서 알 수 있듯이, '역사인식 논쟁'이라는 표현 대신, '역사인식 분쟁'이라는 단어를 사용했습니다.

물론 단어의 정의는 사람마다 다릅니다. 분쟁을 무력분쟁으로 한정해서 생각하는 것이 잘못된 것도 아닙니다. 하지만, 이 책에서는 분쟁을 '다툼'으로 간주하고, 무력분쟁이 아닌 다툼도 분쟁으로 다루고 있습니다.

먼저 제1장에서는 일반인에게 거의 무의식적으로 내재 된 **국가의 기원이 유럽에 있다는 점**을 확인하고, 이어서 국가 간 분쟁이 어떻게 전개되었는지 살펴보도록 하겠습니다. 또한, 사람들이 국가를 자신들과 동일시하는(이를 내셔널리즘이라고 부름) 흐름에 대해 알아보겠습니다.

이러한 흐름이 전 세계로 퍼지면서 유럽 이외의 지역에서도 유사한 분쟁이 확산하는, 그야말로 세계가 하나로 일체화되면서 유럽에서 일어나고 있는 일과 비유럽에서 일어나고 있는 일이(지역마다 다소 차이는 있으나) 유사한 움직임을 보인다는 것을 대략이나마 이해해 주셨으면 합니다. 세계사의 큰 흐름을 이해하기 위해서는 국가별로 역사를 취합하는 것뿐만 아니라, 동시대를 전체적으로 살펴볼 필요가 있습니다.

제2장과 제3장에서는 제1장을 바탕으로, 유럽이 만들어낸 다양한 원리로 인해 비유럽 지역에서 어떤 분쟁이 발생했는지 **구체적으로** 살펴보겠습니다. 세계 각지에서 벌어진 분쟁을 카탈로그처럼 정리한 형태일 수 있습니다. 또한, 알아두면 좋을 일반 교양 정보도 함께 전하고자 합니다.

제4장에서는 냉전 시대라고 불리는 20세기 후반부터 현재에 이르기까지, **유럽의 역사인식 분쟁**에 대해 알아보겠습니다. 국민국가에서 국민의식을 만드는 것은 국민의 집합적 기억으로서의 역사입니다. 어떤 방식으로 제2차 세계대전의 기억을 '망각'하고 국민의 서사를 만들어갔는지, 그 '망각'을 둘러싼 대립을 살펴보겠습니다.

그리고 제5장에서는 20세기 동안 자명한 이치로 여겨왔던 **민주주의가 현재 어떤 위기를 맞고 있는지** 다루도록 하겠습니다. 그 위기의 배경에 있는 포퓰리즘, 역사수정주의, 음모론의 개념도 설명해보겠습니다.

중간부터 읽어도 이해할 수 있도록 구성되어 있으니, 관심 있는 주제부터 읽어보셔도 좋을 것 같습니다. 역사에 대한 지식이 부족하다고 느끼시는 분들은 처음부터 천천히 읽어보시기를 바랍니다.

그럼, 시작해 보겠습니다.

목차

서문 '분쟁'이란 무엇인가 5

제1장 세계대전에서 세계내전으로

주권국가 체제의 성립 18

대서양 혁명과 내셔널리즘의 등장 23

이중혁명과 국민국가의 확산 26

1848년 이후와 민주정치의 진전 29

제국주의와 세계 분할 33

총력전으로서의 제1차 세계대전 37

복합전쟁으로서의 제2차 세계대전 41

식민지주의 해체 44

변화하는 전쟁의 모습 48

가치의 분배를 둘러싼 정치 51

제2장 식민지 독립의 빛과 그림자

아프리카의 분쟁 59
콩고동란 61 | 비아프라 전쟁 62 | 서사하라 문제 63 | 앙골라 내전 64
오가덴 전쟁 65 | 소말리아 내전 67 | 라이베리아 내전 68 | 우간다 분쟁 69
르완다 분쟁 70 | 부룬디 내전 72 | 제1차, 제2차 콩고 전쟁 72
다르푸르 분쟁 73 | 남수단을 둘러싼 분쟁 74 | 중앙아프리카의 내전 74
아프리카식 민주화와 평화구축 76

동남아시아의 분쟁 79
태국이 직면한 두 가지 분쟁 79 | 라오스의 국어 정책 84
필리핀의 민다나오 분쟁 86 | 미얀마의 민주화 투쟁과 난민 문제 88
인도네시아의 분리독립 운동 90

남아시아의 분쟁 97
인도와 파키스탄의 분리독립 97 | 카슈미르를 둘러싼 분쟁 100
방글라데시 독립전쟁 101 | 핵무기 개발 경쟁 103
힌두 내셔널리즘 등장 104 | 중국 – 인도 국경 분쟁 106
스리랑카 내전 107

제3장 제국 해체의 여파

오스트리아-헝가리 이중제국의 붕괴 115
마자르인 문제 118 | 유고슬라비아의 성립 119 | 유고슬라비아의 해체 123
보스니아 내전 125 | 코소보 분쟁 128 | 체코슬로바키아의 연방 해체 131

소비에트 제국의 붕괴 134
소비에트 연방의 결성 135 | 소비에트 연방의 해체 138
코카서스 분쟁 141 | 나고르노카라바흐 분쟁 142
친러시아 성향의 아르메니아 144 | 조지아-러시아 간의 군사 충돌 146
체첸 분쟁 148 | 러시아의 우크라이나 침공 150

오스만 제국의 붕괴 155
오스만 제국과 아르메니아인 156 | 쿠르드인 문제 161
분단된 아랍 세계 163 | 팔레스타인 문제 167

해체되지 않는 중화제국 174
내몽골의 인권 탄압 177 | 티베트인에 대한 인권 침해 178
신장 위구르 자치구의 인권 문제 180 | 대만 분제 184

제4장 유럽의 역사인식 분쟁

발트 3국의 역사인식을 둘러싼 문제 193
'점령'인가 '해방'인가 195 | 기념비를 둘러싼 대립 197

오스트리아의 역사인식을 둘러싼 문제 201
불완전한 비나치화 202 | 희생자 내셔널리즘 204 | '극우' 정당의 부상 206

이탈리아의 역사인식을 둘러싼 문제 208
역사의 '일탈' 210

프랑스의 역사인식을 둘러싼 문제 212
왜 승전국 자리에 있는가 214 | 레지스탕스 신화와 비시 정부의 정통성 216

독일의 역사인식을 둘러싼 문제 219
과거를 반성했는가 221 | 역사가 논쟁 224 | 골드하겐 논쟁 227

제5장 '민주주의' VS '권위주의'

민주화의 세 가지 물결 236

색깔 혁명 239

기로에 선 민주주의 243

확산하는 권위주의 247

포퓰리스트·모멘트 252

무엇이 배외주의를 낳는가 260

의도적으로 역사를 다시 쓰는 역사수정주의 266

역사수정주의와 연결되는 음모론 272

맺음말 278

제1장

세계대전에서
세계내전으로

⚠

　우리는 지금 근대라는 시대를 살고 있는 것 같습니다. 하지만 시대의 구분은 후대 사람들이 결정하는 것이므로, 어쩌면 이 시대를 미래에는 근대와는 다른 시기로 평가할 수도 있겠습니다.

　하지만 근대라는 시대의 틀은 여전히 남아 있다고 생각합니다. 그래서 우선, 근대라는 시대가 언제, 어디서, 어떤 방식으로 탄생했는지 알아보고, 어떻게 확산하였는지 간략하게 살펴보겠습니다.

주권국가 체제의 성립

근대는 유럽에서 시작되었습니다. 대략 16세기쯤이라고 기억해 두면 좋을 것 같습니다. 당시 유럽은 대서양을 통해 세계 곳곳으로 진출하였습니다. 이를 유럽인의 대항해 시대라고 부릅니다.

16세기, 유럽에서는 **종교개혁**이라는 사건이 진행 중이었습니다. 종교개혁은 새로운 시대, 근대의 막을 여는 가장 중요한 사건입니다.

기독교는 로마제국 시대에 지중해 주변으로 확산되어 1,000년 이상의 세월을 거쳐 유럽에 뿌리를 내리게 됩니다. 기독교는 크게 서유럽을 중심으로 하는 가톨릭과, 동유럽과 러시아를 중심으로 하는 정교(오서독스Orthodox)로 나뉩니다. 종교개혁은 가톨릭 내부에서 일어난 사건입니다.

가톨릭에는 로마 교황이라는 최고 권위가 존재합니다. 이 교황의 권위에 도전한 운동이 바로 종교개혁입니다.

종교개혁을 이끈 기독교 그룹을 프로테스탄트Protestant라고 합니다. 프로테스탄트에는 루터파, 칼뱅파와 같은 여러 그룹이 존재

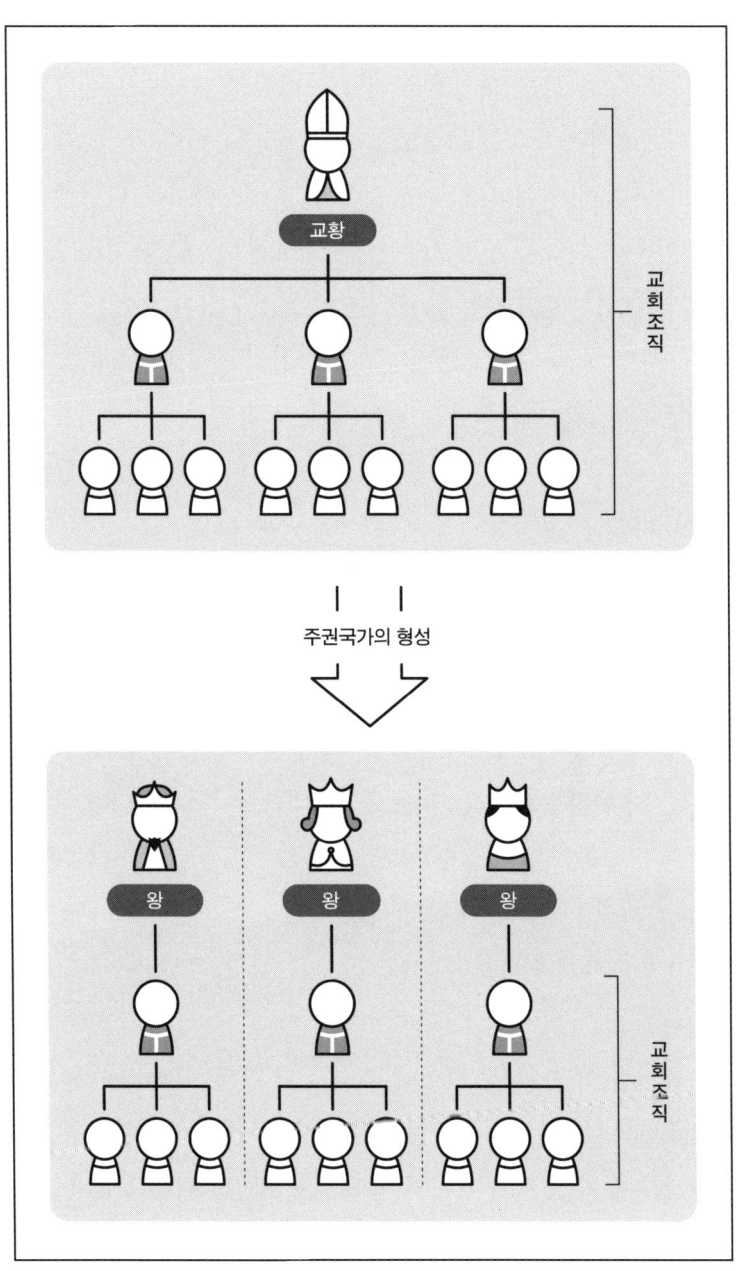

주권국가 체제의 성립

했고, 이들 사이에서도 갈등이 있었습니다. 유럽에서 박해받은 일부 프로테스탄트는 대서양을 건너 아메리카 대륙으로 이주했는데, 여기에서는 유럽을 중심으로 이야기하겠습니다.

종교개혁이 일어나자, 가톨릭은 프로테스탄트를 탄압했습니다. 만약 이 탄압이 성공했다면 종교개혁은 실패했을 것이고, 그렇게 되었다면 종교개혁이라는 단어도 남아 있지 않았을 것입니다. 다시 말해, 종교개혁은 성공했습니다.

그렇다면 프로테스탄트는 어떻게 이 탄압을 견뎌냈을까요? 그것은 각 지역의 군주들이 프로테스탄트를 지지했기 때문에 가능했습니다.

군주란, 대부분 왕이라 불리는 존재들입니다. 왕이 보호하는 기독교는 로마교회(가톨릭)와는 다른 사상을 지닌 새로운 형태의 기독교(프로테스탄트)였습니다. 이러한 변화가 확산하면서 유럽 전역에서 가톨릭 중심의 통일이 무너지고, 여러 형태의 기독교로 분열됩니다. 동시에 **유럽은 왕이 다스리는 여러 지역으로 나뉘게 됩니다**.

왕이 다스리는 영역을 영토라고 부르고, 한 왕이 다스리는 영토와 다른 왕이 다스리는 영토가 맞닿아 있는 곳을 국경이라고 합니다. 이렇게 세계가 국경에 의해 구분되는 것을 **주권국가 체제**라고 합니다.

주권이란 대등하다는 의미입니다. 다시 말해, 왕과 왕의 관계는 대등하다는 뜻입니다. 이러한 세계관, 즉 주권국가 체제라는 질서는 17세기부터 18세기에 걸쳐 점차 많은 사람들에게 공유되기 시작했습니다. 이 질서의 성립은 1648년에 체결된 베스트팔렌 조약

(가톨릭과 프로테스탄트 세력 사이에 30년 동안 지속되었던 전쟁을 끝맺는 평화조약 – 옮긴이 주)에 의해 이루어진 것으로, 주권국가 체제를 베스트팔렌 체제라고 부르기도 합니다.

주권국가 체제에 기반한 세계관을 나타낸 지도가 21쪽의 위에 있는 지도입니다. 아마 많은 사람이 '국경으로 나누어진 세계' 지도를 전제로 한 세계관을 가지고 있을 것입니다.

하지만 세계는 국경으로 구분된 이미지만 있는 것이 아닙니다. 21쪽 아래에 있는 지도와 같이 지형에서 얻어지는 이미지도 있습니다. 지도는 우리가 세계를 인식하는 데 필요한 필수적인 도구이기 때문에, 다양한 지도를 익히면서 다각적인 사고를 할 수 있게 된다면 더욱 흥미롭게 세계를 바라볼 수 있을 것입니다.

대서양 혁명과 내셔널리즘의 등장

주권은 대등함을 의미한다고 앞서 언급했습니다만, 주권에는 그 영토 내에서 최고의 존재라는 의미도 있습니다. 국가의 주권은 왕이 가지고 있고, 왕은 다른 나라의 왕과 대등한 관계에 있습니다.

주권국가 형성기의 왕은 절대주의 군주로 불렸습니다. 하지만, **18세기 후반부터는 왕이 주권을 갖는 것이 아니라, 국민이 주권을 갖**는 새로운 유형의 주권국가가 성립하게 됩니다.

대표적인 변화가 **미국의 독립전쟁과 프랑스 혁명**입니다. 잘 알려져 있듯이, 미국에는 왕(군주)이 없습니다. 프랑스는 혁명을 통해 왕의 존재를 부정했습니다. 이른바 공화정 국가를 수립한 것입니다. 미국과 프랑스, 이 두 나라뿐만 아니라 당시 대서양을 사이에 둔 유럽과 아메리카 대륙에서는 실패와 성공 여부를 떠나 비슷한 움직임이 나타났습니다. 이를 대서양 혁명이라고 부릅니다.

국왕주권에서 국민주권으로. 이 변화 과정에서 극심한 갈등과 충돌을 동반한 것이 프랑스 혁명과 **나폴레옹의 등장**이었습니다. 혁명이 진행되는 과정에서 프랑스는 국왕 루이 16세를 단두대에

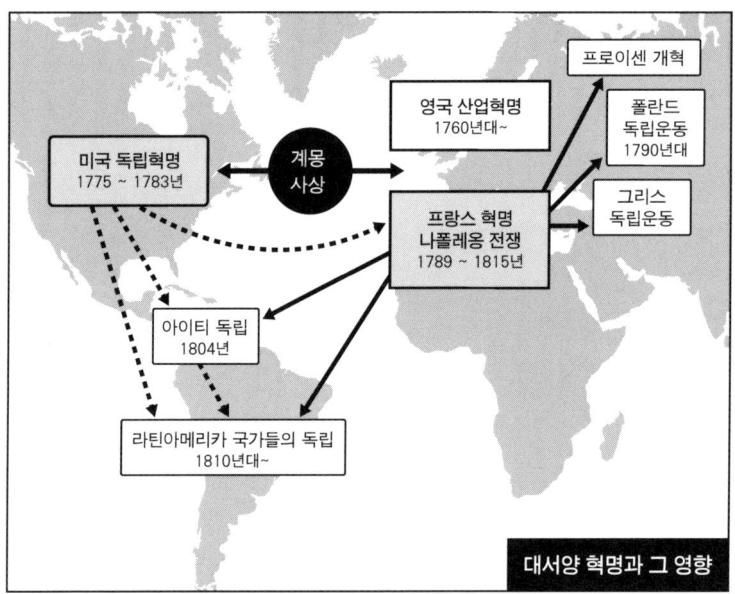

세우고, 신분제를 폐지했습니다. 이에 대해 여러 유럽 국가는 절대주의 체제를 유지하기 위해 국민주권, 즉 공화정을 채택한 프랑스에 압력을 행사했습니다.

결국, 프랑스는 유럽 국가들을 상대로 전쟁(프랑스 혁명전쟁)에 돌입하게 되는데, 이 과정에서 나타난 현상이 **징병제와 민주주의**입니다.

징병제란, 국민을 전시 상황에 병사로 징집하는 제도입니다. 마지못해 전쟁에 끌려가는 것이 아니라 자발적으로 나라를 지키기 위해 싸우도록 하기 위해서는, 그들이 진정한 내 나라라고 느낄 수 있도록 국정에 참여할 수 있는 구조(민주주의)를 만들어야 했습니다.

실제로 프랑스 혁명 이후에 등장한 나폴레옹은 이 징병제로 조직된 국민군을 이용해 일시적이긴 하지만 유럽을 평정했습니다.

이러한 사례를 통해 여러 유럽 국가의 왕들은 전쟁에서 강력한 국가가 되기 위해서는 국민국가를 지향해야 하지만, 국민주권을 받아들이면 왕의 지위를 잃을 수도 있다는 딜레마에 빠지게 됩니다.

참고로 민주주의라는 것은 묘한 것이어서, 공정한 선거를 통해 선출된 의원들로 구성된 의회에서 의사결정을 하는 형태만 있는 것이 아니라, 나폴레옹처럼 의회를 폐쇄해 버리는(쉽게 말해 독재) 방식까지 다양하게 존재합니다.

민주주의론에 관한 논의는 뒤로 미루고, 여기에서는 민주주의와 국민군이라는 두 축이 맞물려 제대로 기능하는 새로운 주권국가, 즉 국민국가의 이념이 바로 **내셔널리즘**이라는 점을 기억해 두시길 바랍니다.

이중혁명과 국민국가의 확산

 영국의 역사학자 에릭 홉스봄Eric Hobsbawm은 19세기 초기를 이중혁명의 시대라고 불렀습니다. 이중혁명이란, 18세기 영국에서 시작된 산업혁명이 유럽 대륙으로 확산된 것과, 프랑스 혁명으로 시작된 국민국가 건설 운동, 즉 시민혁명이 동시에 전개된 것을 의미합니다.
 19세기 초 유럽을 빈 체제라고 부르기도 하는데, 이중혁명의 시대와 시기적으로 거의 일치합니다. 빈 체제는 프랑스 혁명과 나폴레옹이 초래한 혼란을 수습하고 절대주의 시대로의 회귀가 목표였지만, 이에 맞서 프랑스 혁명처럼 공화정을 지향하는 혁명 세력이 힘을 키워갔습니다.
 이러한 흐름을 단순히 탄압하는 것이 아니라, 앞서 언급한 것처럼 군사력 강화라고 하는 국민국가의 유혹을 절대주의와 어떻게 결합할 것인지가 중요한 문제로 떠올랐습니다.
 1830년대부터 1840년대에 걸쳐 유럽 곳곳에서 혁명이 일어납니다. 특히 1848년은 유럽 동시 혁명이라고 해도 무방할 만큼 유

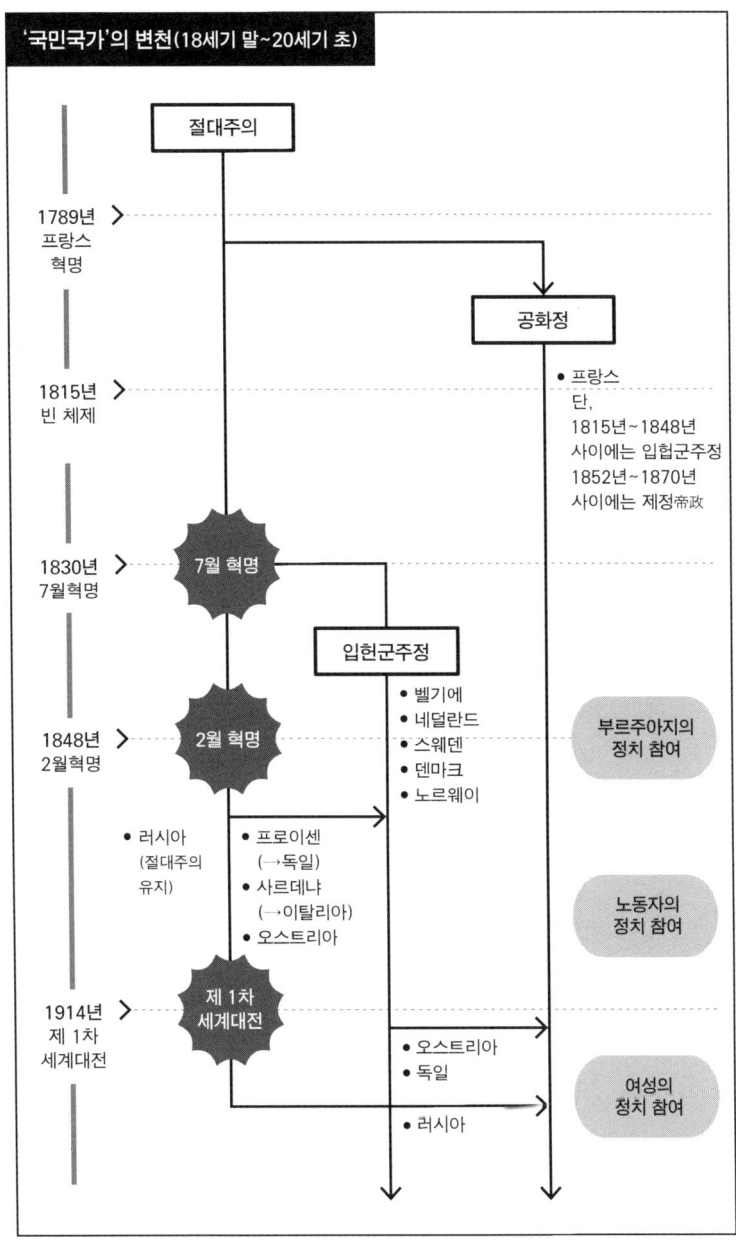

이중혁명과 국민국가의 확산 27

럽 전역에서 혁명이 일어납니다. 그 결과, 러시아를 제외한 유럽 각국은 모두 국민국가로 이행하게 됩니다. 이때, 국민국가는 **입헌군주정**이라는 형태로 만들어졌습니다.

프랑스 혁명이 제기한 국민국가의 형태는 공화정이었습니다. 이는 군주가 존재하지 않는 국가 형태입니다. 반면 입헌군주정은 말 그대로 군주가 존재합니다. 다만 군주는 헌법의 범위를 초과하는 권한을 행사할 수 없습니다.

현재 유럽을 보면 군주정을 채택한 나라보다 공화정을 채택한 나라가 훨씬 많습니다. 하지만 1848년 당시에 공화정을 채택한 나라는 프랑스가 유일했습니다. 유럽의 정치체제 변화 과정을 이해하려면 하나의 커다란 전환점을 겪어야 하는데, 그것이 바로 두 차례의 세계대전입니다. 이에 대해서는 나중에 다시 이야기하겠습니다.

1848년 이후와 민주정치의 진전

　1848년을 거치며 유럽 각국이 절대주의에서 국민국가로 이행해 가는 움직임은, 국민국가 건설을 목표로 한 혁명(시민혁명)이 더 이상 일어나지 않게 된다는 뜻이며, 다시 말해 이중혁명의 시대가 끝났다는 것을 의미합니다.

　하지만 시민혁명이 일어나지 않더라도 **산업혁명**은 계속해서 진행되었습니다. 산업혁명의 진전에 따라 사회에 커다란 변화가 일어났고, 이러한 변화로 인해 발생한 왜곡과 문제를 해결하고자 등장한 사상이 바로 **사회주의**입니다.

　사회주의는 국민국가가 사회적 왜곡을 고착시키는 체제라고 보았으며, 이를 대체할 새로운 정치체제를 창출하려 했습니다. 19세기 후반부터 20세기 후반에 이르는 약 100년은 이러한 사회주의에 맞서 국민국가와 자본주의를 어떻게 안정적으로 유지할 것인가를 끊임없이 고민하던 시기였습니다.

　이때 국민국가의 안정화를 이끈 것이 바로 **민주주의의 발전**이었습니다. 구체적으로 말하자면, 참정권을 가진 국민의 수가 증가한 것을 의미합니다.

1848년부터 유럽 각국은 헌법을 제정하고 의회를 개설했지만, 선거권을 가진 사람은 일부 유산층에 한정되어 있었습니다. 그러나 19세기 말까지 대부분의 국가에서 **남성 보통선거가 실현**됩니다. 여성에게 선거권이 부여되지 않았던 점은 문제였지만, 모든 성인 남성에게 선거권을 부여한 것은 사회주의에 대항하기 위한 조치로 볼 수 있습니다.

하지만 단순히 정치 참여를 인정한다고 해서 국민의식이 자동으로 형성되는 것은 아닙니다. 국민국가는 사람들이 가지고 있는 공동체 의식을 크게 재편성하는 일이기 때문입니다.

원래 종교나 신분이 사람들의 공동체 의식(정체성Identity이라고도 할 수 있음)을 만들어냈지만, 이 공동체 의식을 국가에 귀속시키기 위해서는 여러 가지 장치가 필요했습니다. 예를 들어, 동일한 언어를 사용하거나 동일한 문화를 공유하는 것들이 그런 장치들에 해당합니다.

그리고 무엇보다 중요한 것은 **공통된 기억을 갖게 하는 것**입니다. 공통된 기억으로 연결되어 있다는 감각을 불러일으키는 것이 바로 '**역사**'입니다. 역사를 배우는 교육기관, 즉 학교가 국민국가 형성과 동시에 만들어진 데는 그만한 이유가 있습니다.

학교는 대체로 두 가지 역할을 합니다. 첫 번째는 시간 규율에 신체를 적응시키는 것으로, 자본주의(공장에서의 노동)라는 경제 구조에 순응할 수 있도록 돕는 역할입니다. 두 번째는 국민의식을 심어주는 역할인데, 이를 위해 '국어'나 '역사' 수업이 존재합니다.

19세기 프랑스의 종교학자 에르네스트 르낭Ernest Renan의 《민족이란 무엇인가》라는 강연록이 있습니다. 얇은 책이라 금방 읽을 수 있는데, 이 강연록에는 현재도 많은 사람들이 인용하는 "**국민의 존재는 매일매일의 인민투표다**"라는 유명한 말이 있습니다.

다시 말해 국민의식이라는 것은 '존재하는' 것이 아니라 '만들어지는' 것이라는 의미입니다. 그렇다면 국민의식을 만드는 데 공유해야 할 자산이 무엇이냐고 묻는다면 그것은 다름 아닌 '역사'라고 할 수 있습니다.

"함께하는 고통은 기쁨보다 훨씬 더 사람을 단결시킵니다. 민족적인 추억이라는 점에서는 애도가 승리보다 낫습니다. 애도의 기억들은 의무를 부과하며, 공통의 노력을 요구하기 때문입니다.

그러므로 민족은 이미 치러진 희생과 여전히 치를 준비가 되어 있는 희생의 욕구에 의해 구성된 거대한 결속입니다."

《민족이란 무엇인가》 중에서

이 이야기에서 학교 교육을 통해 **공통된 기억으로서의 '역사'를 배우는 것이 국민의식을 형성하는 데 중요하다**는 점을 이해하셨다면 그것으로 충분합니다.

르낭은 이 강연록에서 또 다른 흥미로운 이야기를 하고 있습니다.

"망각-심지어 역사적 오류라고까지도 말할 수 있겠는데-은 민족 창출의 근본적인 요소이며, 바로 그러한 연유로 역사 연구의 발전은 종종 민족성에 대해 위험한 것으로 작용합니다."

《민족이란 무엇인가》 중에서

여기에서는 국민의식을 함양하는 데 있어 거짓말을 해도 무방하다는 점을 시사하고 있습니다. 이에 대해서는 제4장에서 다루도록 하겠습니다.

일단 내셔널리즘은 국민국가를 건설하는 것인데, 그것은 '**역사**'를 통해 '**국민**'이라는 동질성을 강화해 나가는 일이기도 합니다.

제국주의와 세계 분할

19세기 중후반부터 제국주의 시대가 시작됩니다. 유럽 열강들이 아메리카 대륙을 제외한 비유럽 지역으로 세력을 확장하는데, 그 선봉에 선 나라가 영국이었습니다.

간단히 역사를 되돌아보면, 16세기부터 시작된 유럽인의 대항해 시대에 일본과 중국을 포함한 유라시아 각지에 유럽이 영향력을 확대했습니다. 그러나 일본의 쇄국정책이 전형적인 사례로, 유럽 세력들은 유라시아 대부분에서 철수하게 됩니다.

유일하게 인도에서만 18세기부터 영국의 영향력이 강화되었을 뿐, 그 외 지역은 19세기에 접어들 때까지 영국조차 진출하지 못했습니다.

하지만 19세기에 들어서면서 영국은 바다에서 육지로, 러시아는 내륙에서 바다로 진출하면서 여러 아시아 나라는 어려운 상황에 놓이게 됩니다.

한 예로, 영국과 중국이 아편전쟁과 제2차 아편전쟁을 벌이는 동안, 러시아는 그 혼란을 틈타 동해에 위치한 연해주를 차지했

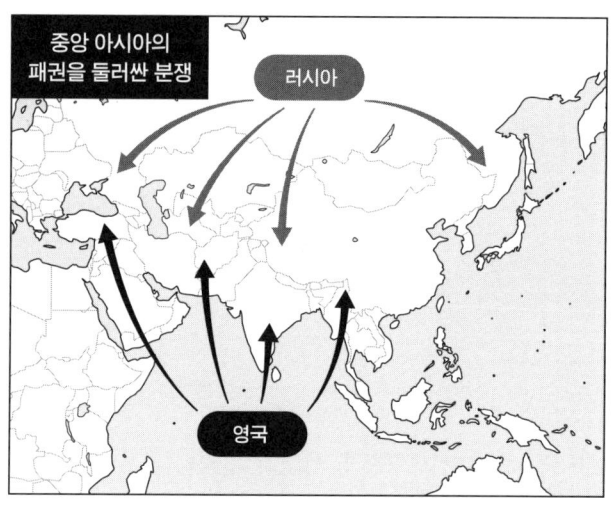

습니다. 유라시아에서는 영국과 러시아의 대립이 그레이트 게임 Great Game이라고 불리며 전개되었고, 아프리카에서는 프랑스, 독일, 벨기에, 이탈리아, 포르투갈 같은 유럽 국가들이 식민지를 확장해 나갔습니다.

이러한 상황은 유럽의 원리, 즉 **주권국가 체제가 아프라시아(아프리카와 유라시아를 합하여 일컫는 용어)로 확산되는 것을 의미합니다.**

당연한 이야기일 수도 있지만, 이 시기에 식민지를 확장하던 국가들은 자신들의 편의에 따라 국경선을 그었습니다. **지금의 세계 지도에는 자를 대고 일직선으로 그은 듯한 국경선들을 볼 수 있는데, 이는 식민지화 과정에서 형성된 국경선들이 그대로 남아 있기 때문입니다.** 또한 인위적이라고까지 할 수는 없지만, 위화감을 느끼게 하는 국경선도 이 시대에 만들어진 것들입니다.

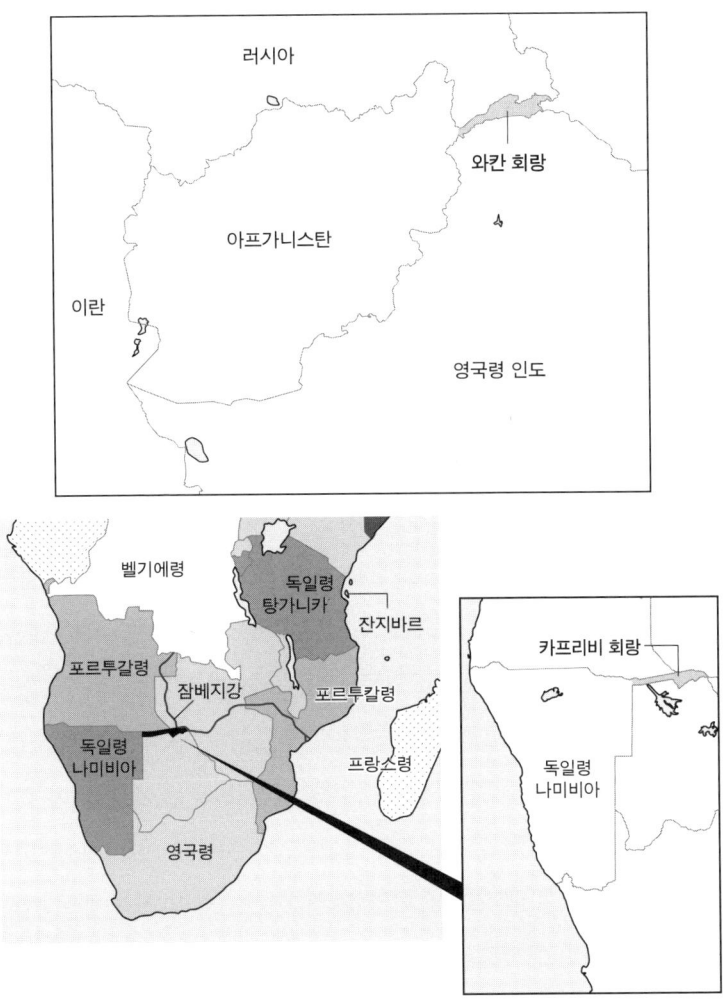

　두 지역 정도 예를 들어보겠습니다. 한 곳은 아프가니스탄 북동부에 길쭉하게 뻗어 있는 와칸 회랑 지역입니다. 이곳은 러시아가 북쪽에서, 영국이 남쪽에서 세력을 확장해 가던 과정에서 양국 간의 완충지대로 설정된 지역입니다.

다른 한 곳은 카프리비 회랑으로, 당시의 독일 총리 이름을 딴 지역입니다. 독일은 자신들의 식민지였던 현재의 나미비아에서 인도양으로 빠져나갈 경로를 찾고 있었습니다. 하지만, 영국은 아프리카 종단 정책을 추진하고 있었기 때문에 독일의 이러한 행동이 매우 불편했습니다. 그래서 카프리비 회랑을 독일령으로 하는 대신, 인도양에 위치한 잔지바르를 영국령으로 하는 교환 조약을 체결했습니다.

이 제국주의 시대의 유럽 세력의 행위를 세계분할이라고 부릅니다. 여기에 식민지화를 정당화하는 담론이 등장합니다. 프랑스에서는 이를 '문명화의 사명'이라고 주장했고, 영국에서는 '백인의 책무'라고 불렀습니다. 인간을 우월한 존재와 열등한 존재로 구분하고, **자신을 우월한 존재로 여기며 타인을 지배하는 것을 정당화하는 사상으로, 이러한 사고를 인종주의Racism*라고 합니다.**

이렇게 20세기 초반까지 국경으로 구분된 주권국가 체제가 전 세계적으로 퍼졌고, 유럽에서는 내셔널리즘의 발전으로 평등화(동질화)가 진행되었음에도 불구하고, 인종주의에 의해 식민지 민중을 지배하는 것이 정당화되었습니다. 현재까지 이어지는 지배와 차별의 구조가 확산한 것이 바로 제국주의 시대입니다.

---

* 인종주의에 근거한 차별이 바로 인종차별이다. 인종차별은 피부색의 차이로 인한 차별뿐만이 아니다. 성차별이나 부락차별 등도 인종차별에 포함된다.

총력전으로서의 제1차 세계대전

19세기의 100년 동안 유럽 각국은 국민국가를 형성하여 내부의 동질성을 강화하였고, 열강이라 불리는 일부 국가들은 식민지 제국을 건설하려는 노력을 기울였습니다. 이러한 움직임 가운데 또 다른 중요한 변화가 진행되고 있었습니다. 바로 **과학기술의 발전**입니다.

과학기술은 지하에 잠들어 있는 자원을 활용할 수 있는 새로운 기술을 만들어냈습니다.

사람이 살 수 없고 이용 가치가 없었던 지하에 석유나 희소 금속이 잠들어 있다는 것을 알게 되는 순간, 그 중요성이 커지고 국경선의 가치가 높아지게 됩니다.

영토 획득(국경 변경)을 둘러싼 다툼이 자원을 차지하기 위한 전쟁으로 변하게 된 것은 자연과학의 진보에 따른 과학기술의 발달에서 비롯된 결과였습니다. 과학기술이 무기의 성능을 획기적으로 향상했고, 그로 인해 제1차 세계대전은 막대한 피해를 초래하게 되었습니다.

1914년부터 5년 동안 이어진 제1차 세계대전은 실질적인 의미에서 20세기의 시작과 19세기의 끝을 알리는 사건이었습니다.

제1차 세계대전은 19세기까지의 전쟁과는 달리, 시작부터 대규모로 무기와 탄약을 소모하는 전쟁이었습니다. 남성은 징집되어 전쟁터로 나갔고, 여성은 군수산업뿐만 아니라 일상생활을 유지하기 위해 공장에서 일했습니다. 이것이 **여성의 사회 진출 및 여성 참정권 획득**으로 연결됩니다. 여성의 도움 없이는 전쟁을 수행할 수 없었기 때문입니다.

제2차 세계대전보다 더 큰 사상자를 낸 제1차 세계대전은, 유럽 사회의 **전쟁에 대한 인식에 큰 변화**를 가져왔습니다.

주권국가 체제가 성립된 이후, 전쟁은 외교의 연장으로 여겨지며 선악의 구분이 없었습니다. 하지만, 제1차 세계대전으로 인해 전쟁 자체가 악으로 인식되기 시작했습니다. 이러한 전쟁 불법화라는 흐름이 1928년에 체결된 부전조약不戰條約으로 이어집니다.

물론 규범으로 전쟁을 금지하고는 있지만, 현실에서는 끊임없이 전쟁이 일어나고 있습니다. 이를 지적하며, 규범으로 의미가 없다고 냉소적으로 바라볼 것인지, 규범을 실체화하기 위해 노력을 기울일지에 대해서는 사람마다 생각이 다를 수 있습니다.

제1차 세계대전의 또 다른 특징은 전쟁이 혁명을 일으켰다는 점입니다. 장기화한 전쟁으로 인해 생활이 어려워지고, 국가 정부에 반발이 커지면서, 패전이 혁명으로 이어지게 됩니다.

또한 독일, 러시아, 오스트리아 같은 유럽의 전형적인 군주제 국가들이 무너지고 공화정 시대가 열립니다. 제1차 세계대전에 참전한 이탈리아와 같은 군주제 국가도 제2차 세계대전 이후 공화정으로 전환되었습니다. 프랑스 혁명이 낳은 공화정 원리가 100년이 넘는 세월을 거쳐 보편화되었으며, 이러한 흐름은 제1차 세계대전부터 확산하기 시작했습니다.

전쟁이 장기화하면서 전쟁 수행을 위해 국내 경제활동을 점차 군수 중심으로 전환해야 했고, 이를 위해 민간의 경제활동을 자유롭게 허용할 수 없었습니다. 미디어 역시 전쟁 보도를 중립적이고 공정하게 사실 그대로를 전달하면 전쟁에 대한 혐오감이 커지기 때문에 보도에 대한 규제를 가하기 시작했습니다.

과학기술 또한 전쟁에 이용해야 했기에 학문에도 국가가 개입하게 되었습니다. 이렇게 국가가 생활의 모든 영역에 개입하게 되면서 국가와 시민사회 간의 관계는 변질되어 갔습니다.

이와 같이 19세기까지의 국가 가치관은 외교, 치안, 군사만 잘 수행하면 되는 야경국가夜警国家였지만, 제1차 세계대전을 거치면서 국가가 사회에 개입하고 사회정책을 통해 개인을 구제하는 간섭국가干涉国家(복지국가)로 변화하게 됩니다.

또한 제1차 세계대전은 제국주의 시대의 한가운데에서 발생한 전쟁이었습니다. 이로 인해 식민지 획득을 위한 경쟁이 전쟁으로 이어졌다는 인식이 확산하면서, 식민지를 보유하는 것 자체가 과연 정당한 일인가에 대한 의문이 제기되었습니다.

이는 중요한 시대적 패러다임의 변화입니다. 즉, 제국주의의 끝이 시작되었음을 의미합니다. 이러한 식민지 부정의 사고방식은 **민족자결**이라는 개념으로 발전하게 됩니다.

제1차 세계대전의 세계사적 의의

· 민주정치(데모크라시)의 발전
  =여성의 정치 참여가 인정됨

· 전쟁은 악이라는 가치관 형성

· 국가관의 변화 = 야경국가에서 복지국가로

· 민족자결 이념의 확산 = 제국주의 종말의 시작

복합전쟁으로서의 제2차 세계대전

제1차 세계대전이 끝난 지 불과 20년 만에 다시 세계대전이 일어납니다. 제1차 세계대전과 달리, 일본이 주요 참전국이 되면서 아시아에도 큰 피해가 발생했습니다.

제2차 세계대전은 제1차 세계대전에서 시작된 흐름이 급격히 빨라지는 결과를 낳았습니다. 야경국가에서 복지국가로의 전환, 그리고 영국, 프랑스, 일본과 같은 제국주의 국가들의 세력이 크게 약화되면서 **민족자결 이념의 보편화**는 결정적인 전환점을 맞이하게 됩니다.

제2차 세계대전은 다양한 성격이 복합적으로 얽힌 전쟁이었다고 평가됩니다. 이를 정리해 보겠습니다.

우선 첫 번째는 **민족 말살 전쟁**이라는 성격입니다. 나치 독일이 이 전쟁 중에 600만 명에 달하는 유대인 학살(홀로코스트)을 자행한 사실을 모르는 사람은 없을 것입니다. 하지만, 이 홀로코스트를 '전쟁'이라고 표현해도 되는지에 대한 의문이 생깁니다. 왜냐하면, 한쪽은 나치 독일이라는 국가인 반면, 유대인은 '국가'가 아니기 때문입니다.

 이 부분이 중요한데, **주권국가 간의 싸움이라고 하는 전쟁의 자명한 이치가 무너졌다는 점**을 주목하셨으면 합니다. 나중에 다시 다루겠지만, 이러한 전쟁의 양상을 **비대칭 전쟁**이라고 부릅니다.

 두 번째는 **제국주의 간 전쟁**이라는 성격입니다. 영국과 프랑스가 보유했던 동남아시아 식민지를 일본이 차지하려 했던 것과, 전쟁 말기에 영국과 소련이 발칸반도를 분할하는 밀약을 맺은 것이 이를 잘 나타냅니다.

 세 번째는 **이데올로기 전쟁**이라는 성격입니다. 당시, 의회제 민주주의, 사회주의, 파시즘이라는 세 가지 정치체제를 둘러싼 대립이 있었는데, 파시즘을 무너뜨리기 위해 나머지 두 세력이 연합했다고 보는 시각입니다.

 문제는 파시즘이 무엇인지에 대한 정의가 확립되지 않았다는 점입니다. 사회주의 역시 파시즘의 일종이라고 보는 주장도 타당성이 있고, 파시즘이라 하더라도 일본과 독일, 이탈리아의 파시즘은 큰 차이를 보입니다. 따라서 이 이데올로기 전쟁이라는 표현은 승전국을 정당화하는 사고방식이라고 생각합니다.

 네 번째는 **민족해방 전쟁**이라는 성격입니다. 두 번째 성격인 제국주의 간 전쟁과 상반됩니다. 제국주의 간 전쟁이 정의로운 전쟁이 아니었다면, 민족해방 전쟁은 정의로운 전쟁으로 해석될 수 있습니다. 따라서 이 성격을 강조하게 되면, 제2차 세계대전이 정의로운 전쟁이었다는 주장이 됩니다. 일본이 대동아공영권을 내세워 아시아의 해방을 위해 싸웠다는 주장은, 일본은 정의로운 전쟁을 했다는 해석으로 이어집니다.

　물론 인도의 찬드라 보스Chandra Bose(인도 정치가·민족 운동 지도자. 영국으로부터의 독립을 위해 일본과 손을 잡았던 인물-옮긴이 주)의 운동이나 친나치 태도를 보인 아랍인 그룹도 있었지만, 동남아시아 각지에서 항일운동이 일어났던 사실을 고려하면, 이 부분은 지배를 받았던 사람들이 평가해야 할 부분입니다.

　참고로 동남아시아 어느 나라의 교과서에도 일본이 '아시아 해방'을 위해 싸웠다고 기술된 책은 단 한 권도 존재하지 않습니다.

식민지주의 해체

제2차 세계대전은 식민지 보유국(제국주의 국가)의 국력을 크게 약화시키고, 동시에 민족자결 원칙을 적극적으로 내세운 미국과 소련이 초강대국으로 부상하면서, 식민지의 독립이 잇따르게 됩니다. 이러한 흐름은 유엔 가맹국 수의 증가 추이를 살펴보면 한 눈에 알 수 있습니다.

하지만 신흥 독립국가들의 국경선을 들여다보면, 특히 아프리카가 대표적인 예로, 자로 그은 듯한 매우 부자연스러운 국경선들을 발견할 수 있습니다. 이는 식민지가 되는 과정에서 현지 주민들의 구성 등을 전혀 고려하지 않은 채 제국주의 국가들의 이해관계에 따라 나뉜 선이 그대로 국경이 되었기 때문입니다.

이를 설명하기 위해서는 Uti possidetis juris(우티 포시데티스 유리스 – 국경선 신성의 원칙)라는 국제법 원칙을 언급하지 않을 수 없습니다. juris는 '원칙'이라는 뜻이므로, 우티 포시데티스 원칙이라고 부르겠습니다. 읽기 어려울 수 있지만 무리하게 번역하지 않고 라틴어 표현 그대로 사용하는 것이 일반적입니다.

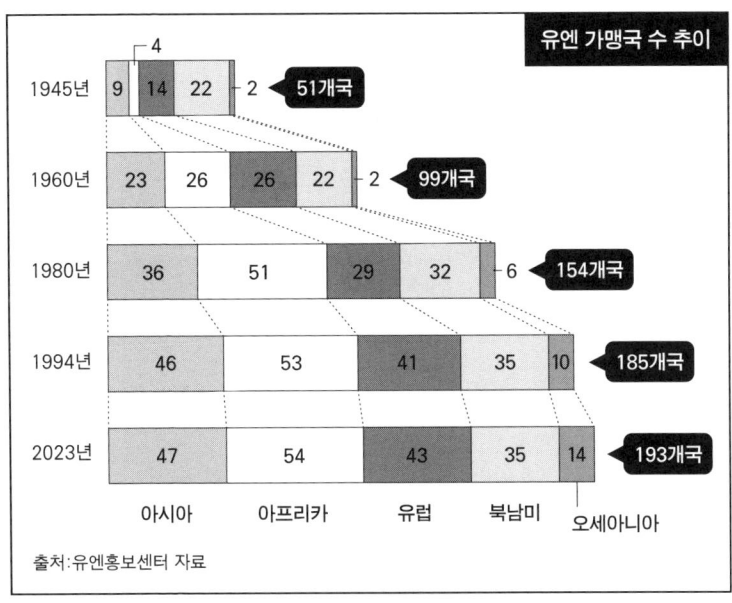

대서양 혁명의 한 예로 라틴아메리카의 독립을 들 수 있습니다. 라틴아메리카는 포르투갈의 식민지였던 브라질을 제외하면 대부분이 스페인의 식민지였습니다. 스페인으로부터 독립 당시, 많은 지역이 각기 다른 국가로 독립하였습니다. 이는 스페인이 라틴아메리카를 통치할 때 설정했던 행정구역을 그대로 국경으로 삼았기 때문입니다.

예를 들어보겠습니다. 만약 일본에서 군마현群馬県 마에바시시前橋市와 다카사키시高崎市 일대에서 독립운동이 일어나 군마국이라는 이름으로 독립한다고 가정해 봅시다. 이때 군마국의 국경선은 어떻게 결정될까요? 우티 포시데티스 원칙에 따라 기존의 행정 구역인 군마현의 경계가 그대로 군마국의 국경선이 될 것입니다.

 만약 이러한 원칙이 존재하지 않는다면, 도치기현栃木県의 닛코 日光 지역도 군마국에 포함하자고 주장할 수 있고, 이런 경우에는 분쟁이 발생할 우려가 있습니다. 군마현뿐만 아니라 일본 전역에서 독립운동이 일어난 상황이라면, 이 원칙은 독립한 국가들 간의 국경 분쟁을 방지하고 안정화를 도모하기 위한 지혜의 일환으로 볼 수 있습니다. 아프리카 지역에서도 영국이나 프랑스로부터 독립운동이 일어났을 당시, 이 원칙에 따라 식민지 시대의 행정구역을 국경으로 삼았습니다.

다만, 국민국가는 동질성을 강화해 나간다는 점을 잊어서는 안 됩니다. 언어, 종교, 문화의 차이를 무시한 채 동질성을 높이기 위해 다수파의 문화와 언어를 소수파에게 강요하는 정책을 취하게 되면, 소수파가 반발하여 내전이 발생하게 됩니다.

오늘날의 많은 분쟁이 제2차 세계대전 이후 독립한 국가들에 집중되어 있는 이유는, 바로 국민국가(내셔널리즘)의 원리가 확산하였기 때문입니다.

변화하는 전쟁의 모습

앞서, 제2차 세계대전과 민족 말살 전쟁에 관한 이야기를 했습니다. 이러한 전쟁이 비대칭 전쟁인데, 유대인의 홀로코스트를 비대칭 전쟁으로 표현하는 것은 너무 극단적인 예일 수 있습니다. 왜냐하면 유대인들은 아무런 저항조차 하지 못한 채 학살당했기 때문입니다.

일반적으로 비대칭 전쟁이라고 하면 게릴라전과 같은 정규군과 비정규군이 싸우는 전쟁을 의미합니다. 예를 들어 베트남 전쟁(1960년대부터 70년대)을 들 수 있습니다. 한쪽은 미국이라는 국가였던 반면, 다른 한쪽은 남베트남 해방민족전선이라는 게릴라군이었습니다.

1979년부터 시작된 소련의 아프가니스탄 출병도 마찬가지로 소련군은 아프가니스탄의 게릴라군과 싸웠습니다. 유사어로 **저강도 분쟁低強度紛争**이라는 표현도 있습니다.

2001년 미국에서 벌어진 9·11 테러 이후, 부시 대통령 재임 시절에 시작된 아프가니스탄 전쟁이나, 2003년 이라크와의 전쟁(세계 테러와의 전쟁)도 국가 대 이슬람 테러 조직인 알카에다가 싸운 비대칭 전쟁의 전형적인 형태입니다.

20세기 후반부터 **내전** 또한 증가하고 있습니다. 내전의 원인은 역시 앞서 언급한 **국민국가의 이념과 현실과의 괴리**입니다.

비대칭 전쟁이나 내전은 전통적인 국제법 구조에서 다루기 어렵습니다. 기존에는 분쟁에 대한 틀을 전시와 평시, 국제와 국내로 구분하여 접근했습니다. 그러나 테러와의 전쟁은 전시인지 평시인지 구분이 명확하지 않습니다. 또한 내전의 주체가 국가가 아니기 때문에 전시 국제법이 적용되지 않아, 상상을 초월하는 비극이 발생하기도 합니다. 러시아와 우크라이나 전쟁 보도를 통해 러시아에 와그너라고 하는 민간 군사기업의 존재를 알게 된 분들도 있을 겁니다. 이러한 민간 군사기업 역시 정규군이 아니기 때문에 잔혹한 행위를 서슴지 않는다고 알려져 있습니다.

20세기 전반까지 분쟁은 국가 간 전쟁을 의미했지만, 오늘날에는 국제법으로 다루기 어려운 상황들이 늘어나고 있습니다. 이러한 변화를 카사이 기요시笠井潔는 "세계대전에서 세계내전으로"라고 표현했습니다. 그는 자신의 저서《신·전쟁론: '세계내전'의 시대新·戦争論「世界内戦」の時代》에서 독일의 사상가 카를 슈미트Carl Schmitt의 말을 인용하여, 19세기부터 21세기에 이르는 전쟁 양상을 설명하고 있습니다.

2022년에 시작되어 현재도 계속되고 있는 러시아와 우크라이나의 전쟁은 발발 당시 '21세기에 주권국가 간의 전쟁이, 그것도 유럽에서 일어날 줄이야'라는 충격을 불러일으켰습니다. 이는 전쟁의 양상이 비대칭 전쟁으로 변화해 가던 흐름에 역행하는 것이었으며, 마치 제국주의 시대로 되돌아간 것처럼 보였기 때문입니다.

가치의 분배를 둘러싼 정치

2020년 미국 대통령 선거 당시, 바이든과 트럼프의 대결 과정에서 '미국이 내전 상태에 빠질 가능성이 있다'는 우려가 제기되기도 했습니다. 실제로 내전까지는 이르지 않았지만, 양측의 주장이 다르더라도 선거가 끝나면 모두가 하나로 뭉친다는 노사이드 No side 분위기는 형성되지 않았습니다. 이는 2021년 1월 6일 트럼프 지지자들이 미국 국회의사당을 습격한 사건에서 잘 드러났습니다.

그렇다면 무엇이 그렇게까지 미국을 분열시켰을까? 하는 의문이 생기는데, 이러한 분열은 미국에만 국한되지 않고, 다른 많은 나라에서도 공통적으로 나타납니다.

예를 들어, 미국에서의 낙태 찬반 논란은 그야말로 국론을 양분하는 첨예한 논쟁으로 자리 잡았습니다. 또한 전 세계적으로 동성결혼이나 LGBTQ(레즈비언 lesbian, 게이 gay, 양성애자 bisexual, 성전환자 transgender, 퀴어 queer의 머리글자에서 따온 말-옮긴이 주)에 관련된 논쟁도 활발히 진행되고 있습니다. 이러한 논쟁을 '가치의 분배'라고

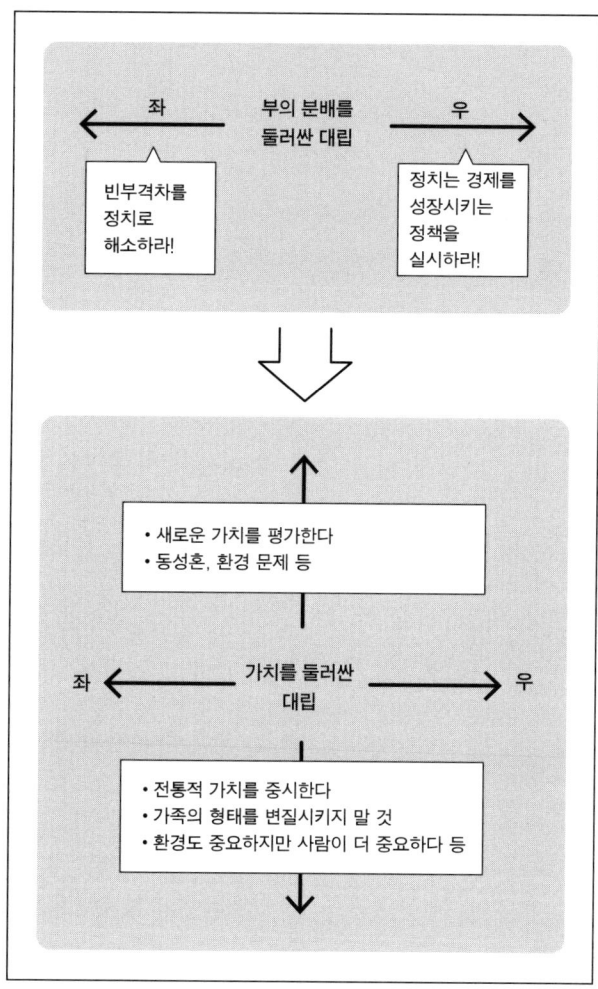

합니다. 기존의 정치는 '부의 분배'를 둘러싼 것으로 타협이 용이한 반면, '가치의 분배'는 1 아니면 0으로 타협이 어렵고, 그로 인해 분열이 일어나기 쉽습니다.

20세기 후반은 세계적으로 경제 성장이 지속되었고, 일정 정도의 풍요로운 사회(전 세계 모든 곳은 아니지만)가 선진국을 중심으로 나타났습니다. 미국의 정치학자 로널드 잉글하트Ronald Inglehart는 1977년에 이미 '탈물질주의적 가치관'이 정치 차원에서 중요한 요소로 떠오르고 있다'고 주장했습니다. 《역사의 종말》로 유명한 미국 정치학자 프랜시스 후쿠야마Francis Fukuyama도 그의 저서 《존중받지 못하는 자들을 위한 정치학》에서 트럼프 현상과 영국의 브렉시트(EU 탈퇴) 배경을 분석하며, 경제적 합리성보다는 적과 아군이라는 단순한 이분법으로 '적이기 때문에 물리쳐야 한다'는 감정이 정치에 유입되어 있음을 지적했습니다.

역사인식을 둘러싼 분쟁 역시 '가치의 분배'라는 맥락에서 이해할 수 있습니다. 현재와 미래를 두고 다투는 것이 아닌, 과거를 두고 다투는, 언뜻 보기에 소모적인 논쟁이 전 세계적으로 일어나고 있습니다. 이는 21세기 국민창조를 위해 꼭 필요한 역사적 서사를 어떻게 새롭게 구성할 것인가에 대한 문제일 뿐만 아니라, 국민창조를 위해 역사가 동원되어서는 안 된다는 의미도 포함되어, 타협이 어려운 가치를 둘러싼 갈등으로 이어집니다.

19세기에 노예제도가 폐지되고, 20세기 초반에는 여성 참정권도 실현되었습니다. 그러나 이러한 변화는 인간을 노예와 그렇지 않은 사람, 남자와 여자로 나누는 것과 같은 인종주의적 발상에 대한 반성에서 비롯된 것이 아닌, 단순히 경제적 이익이나 전쟁 수행 능력을 높이기 위한 요구에서 비롯된 것이었습니다. '블랙 라이브스 매터 운동Black Lives Matter(흑인 생명도 소중하다-옮긴이 주)'이나 페미니즘 운동이 지속되고 있는 것은, 19세기 이후 국민국가 건설 과정에서 해결되지 못한 과제가 여전히 남아 있음을 보여줍니다.

물론 '부의 분배'를 둘러싼 문제가 해결된 것은 아닙니다. 하지만, '가치의 분배'가 정치의 중요한 쟁점으로 떠오르면서, 현재는 국민국가로서의 동질성을 유지하는 일이 더욱 어려워지고 있는 상황이라고 할 수 있습니다.

제1장에서는 17세기에서 현재에 이르기까지의 흐름을 간략하게 살펴보았습니다. 다음 장에서는 국경으로 나뉜 세계에서 발생한 구체적인 분쟁에 대해 알아보겠습니다.

제2장
식민지 독립의 빛과 그림자

⚠️

 제2차 세계대전 이후, 식민지를 보유하는 것 자체가 부정되는 시대가 도래했습니다. 민족자결의 원칙이 상식으로 자리 잡은 것입니다. 제2차 세계대전 말기에 설립된 유엔은 51개 회원국으로 출발했지만, 현재는 190개국이 넘는 국가들이 가입해 있습니다. 이는 많은 식민지 국가가 독립을 이루었음을 보여줍니다.

 하지만 독립의 방식에 문제가 생기면서 여러 지역에서 분쟁이 일어나게 됩니다. 19세기 동안 일부 유럽 국가들이 세계 대부분을 식민지로 삼았고, 그 과정에서 현지 주민들을 무시한 채 자의적으로 경계를 그었습니다. 이러한 경계선들은 독립 후에도 거의 그대로 유지되었고, 그로 인해 한 국가 안에 서로 다른 종교와 민족이 섞여 동질성이 떨어지게 되었습니다.

 경제가 성장하고 풍요롭다면 큰 문제가 되지 않겠지만, 경제력이 부족하고 자원의 분배가 불평등할 경우, '왜 저 집단만

이득을 보지?'라는 불만이 커지게 됩니다.

 이런 형태의 분쟁이 끊이지 않는 대표적인 사례가 아프리카입니다. 아프리카 국가들의 국경선이 자로 그은 듯 직선으로 되어 있는 이유는, 유럽 국가들의 편의에 따라 설정된 국경선이었기 때문입니다. 이런 방식으로 이루어진 독립은 그 자체가 불행한 일이었지만, 그렇다고 해서 식민지 상태로 남아 있는 것 역시 정당화될 수 없기에 매우 어렵고 복잡한 문제입니다.

 현지 사람들의 생활과 문화가 무시되고, 일방적으로 어느 국가에 귀속되는 상황은 아프리카에만 국한되지 않습니다. 이번 장에서는 동남아시아 상황도 함께 살펴보겠습니다.

 자신들의 국가를 세우고자 하는 욕구(내셔널리즘)는 식민지로부터의 독립으로 이어졌지만, 이는 자국 내에서 다수파와 소수파 간의 대립을 초래하게 됩니다. 이러한 상황은 근대 유럽에서 형성된 원리가 비유럽 지역에서도 적용 될 수 있는 것인지에 대한 의문을 제기하게 만듭니다.

 영국의 식민지였던 인도 역시 독립 후 많은 문제와 직면하게 되었습니다. 이러한 상황을 이어서 살펴보도록 하겠습니다. 그럼, 먼저 아프리카 상황부터 살펴보겠습니다.

아프리카의 분쟁

아프리카는 19세기 말부터 식민지가 되었고, 독립이 이루어진 지는 아직 100년이 채 되지 않았습니다. 하지만 식민지 지배의 상처는 지금도 깊게 남아 있습니다.

아프리카 각지에서 반복적으로 발생하는 대부분의 분쟁은 이 식민지 역사와 관련이 있습니다. 여기에서는 독립 직후부터 현재에 이르기까지 아프리카에서 일어난 대규모 분쟁에 대해 살펴보겠습니다.

각 나라의 위치는 지도를 통해 확인해 주기 바랍니다. 여기서는 익숙한 메르카토르 도법Mercator Projection을 사용하고 있지만, 이 도법에는 '메르카토르의 함정'이라는 한계가 존재합니다. 메르카토르 도법은 북극과 남극에 가까운 지역이 크게 보이기 때문에 면적이 작은 유럽이 실제보다 크다고 착각하게 됩니다.

지도에는 여러 종류가 있습니다. 세계를 다양한 시각으로 바라보고 이해하기 위해서는 다양한 지도를 통해 세상을 바라보는 것이 좋은 훈련이 될 것입니다.

튀니지
모로코
알제리
리비아
이집트
서사하라
카보베르데
모리타니아
말리
니제르
차드
수단
에리트레아
세네갈
지부티
부르키나파소
감비아
기니
베냉
기니비사우
가나
나이지리아
에티오피아
중앙아프리카
공화국
남수단
카메룬
소말리아
토고
적도 기니
유간다
케냐
가봉
콩고
민주 공화국
르완다
시에라리온
상투메 프린시페
부룬디
세이셸
라이베리아
탄자니아
콩고 공화국
코트디부아르
코모로
앙골라
잠비아
모잠비크
짐바브웨
마다가스카르
나미비아
보츠와나
말라위
레위니옹
남아프리카 공화국
에스와티니
모리셔스
레소토

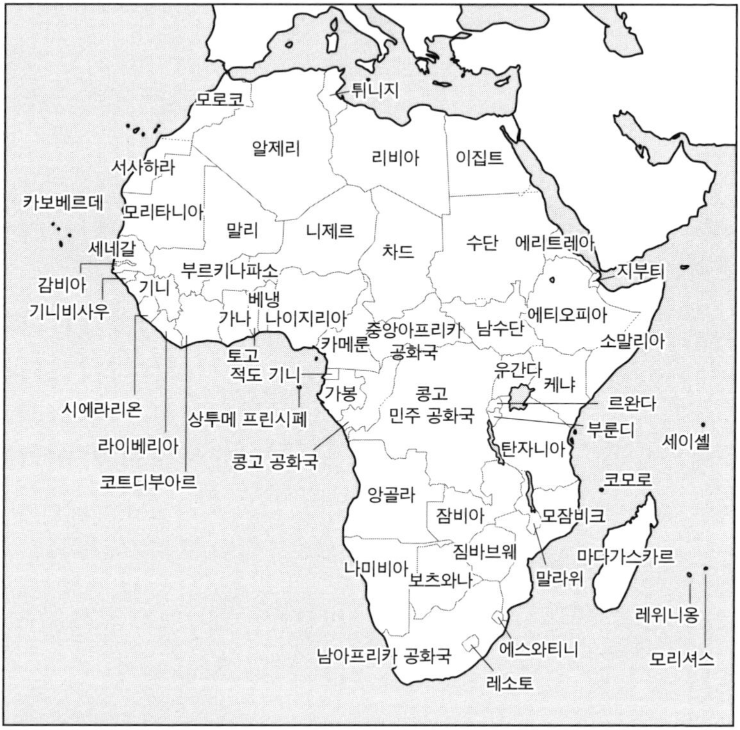

면적이 정확한 세계지도

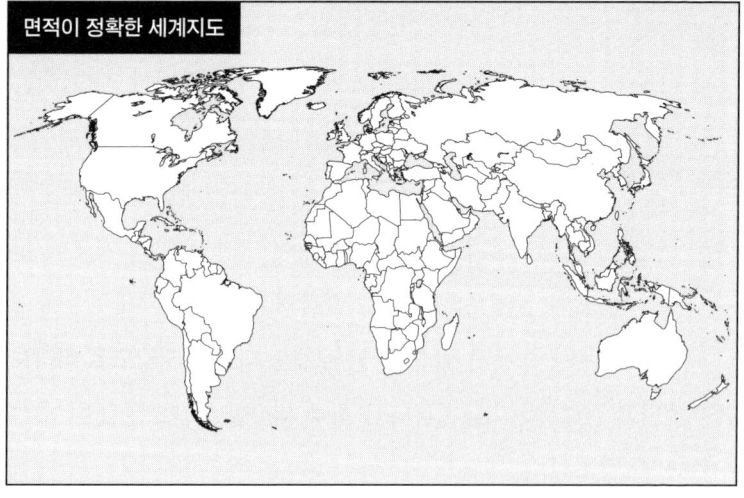

콩고동란

 벨기에 식민지였던 콩고가 1960년 콩고 공화국으로 독립할 당시, 콩고 남부의 카탕가 주에서 '콩고와 별개의 국가로 독립하고 싶다'는 주장이 나오면서 내란이 시작되었습니다.

 카탕가 주는 광물자원이 풍부한 지역으로, 종주국인 벨기에는 독립 후에도 이 지역의 이권을 계속해서 확보하려는 의도로 카탕가 주를 지지했습니다. 유엔이 이 혼란을 수습하려 했으나 실패하고, 콩고 공화국 총리 루뭄바Lumumba는 소련에 단독으로 지원을 요청하게 됩니다. 이에 냉전하에 있던 미국이 콩고 정세에 개입하게 되면서, 콩고동란은 미국과 소련의 대리전으로 번졌습니다.

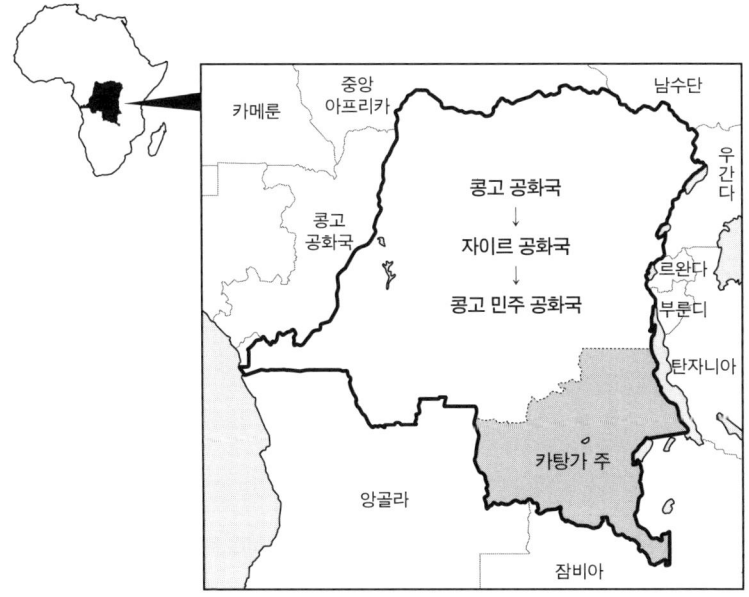

아프리카의 분쟁

콩고 공화국의 군인이었던 모부투Mobutu는 미국의 지원을 받아 루뭄바를 해임하고 처형했습니다. 카탕가 주의 독립 움직임이 계속되는 가운데, 모부투 파와 루뭄바 파의 대립은 격화되었고, 이러한 정세를 시찰하러 온 유엔 사무총장 함마르셸드Hammarskjöld가 의문의 사고로 사망하는 사건이 발생했습니다. 결국 모부투의 승리로 상황은 마무리되었으나, 그는 독재 체제를 구축해 1997년까지 장기 집권했습니다. 한편, 국명은 1971년에는 자이르 공화국으로, 모부투 실각 이후에는 콩고 민주 공화국*으로 개칭되어 현재에 이르고 있습니다.

영화 〈루뭄바〉는 콩고동란을 이해하는 데 좋은 작품입니다.

비아프라 전쟁

1960년에 영국으로부터 독립한 나이지리아에서 일어난 분쟁입니다. 나이지리아에는 하우사족, 요루바족, 이보족이라는 3대 부족이 있는데, 그중 이보족이 비아프라 공화국이라는 이름으로 분리독립을 주장하면서 내전이 시작됩니다.

냉전으로 대립하고 있었음에도 미국과 소련은 나이지리아 정부를 함께 지원했지만, 이보족의 처참한 상황이 전 세계적으로 보도

---

* 프랑스에서 독립한 콩고 공화국이 인접해 있어 한때는 같은 이름의 국가가 두 곳이었다. 하지만 지금은 '민주 공화국'과 '공화국'으로 구분된다.

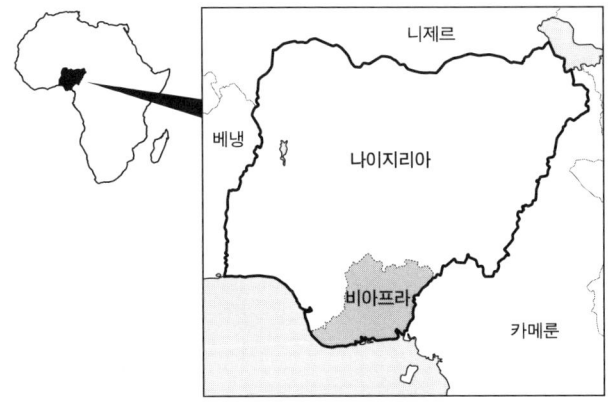

되면서 동정의 여론이 높아졌고, 많은 나라들이 비아프라(이보족)를 지원하게 되면서 내전은 더욱 격화되었습니다.

결국 비아프라 공화국은 붕괴했고, 이 과정에서 150만 명에 가까운 사람들이 목숨을 잃었습니다.

서사하라 문제

1975년 스페인이 자신들의 식민지였던 스페인령 사하라(서사하라)에 대한 영유권 포기를 선언하자, 인접한 모로코와 모리타니아는 서사하라를 분할하기로 결정합니다. 이에 서사하라 주민들은 서사하라 민족해방 전선(폴리사리오 해방 전선)을 결성하고, 1976년에 사하라 아랍 민주 공화국 수립을 선언합니다.

모리타니아는 1979년에 철수했지만, 모로코는 서사하라 전역

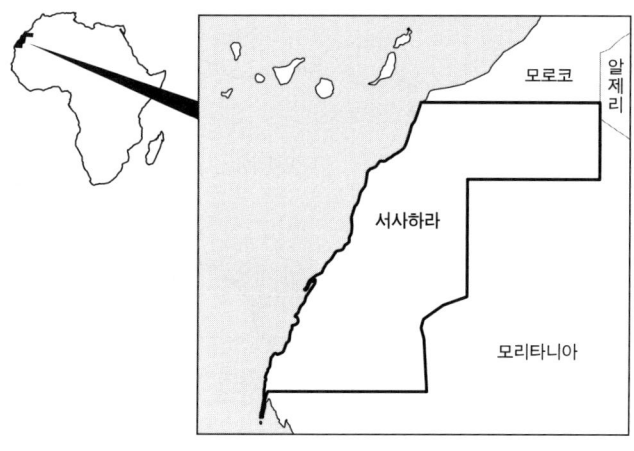

의 영유권을 주장하며 현재까지 이 문제는 해결되지 않고 있습니다. 사하라 아랍 민주 공화국을 국가로 인정하는 나라는 아프리카의 일부 국가를 제외하고는 거의 없으며, 유엔에도 가입하지 못한 상태입니다.

또한 많은 국가가 모로코의 영유권도 인정하지 않고 있기 때문에, 세계지도를 보면 이 지역은 색이 칠해지지 않은 하얀색으로 표시되어 있습니다.

앙골라 내전

포르투갈령 앙골라는 1960년대부터 포르투갈에 대항하여 독립운동을 벌이던 세 개의 그룹이 포르투갈의 철수를 이끌어냄으로

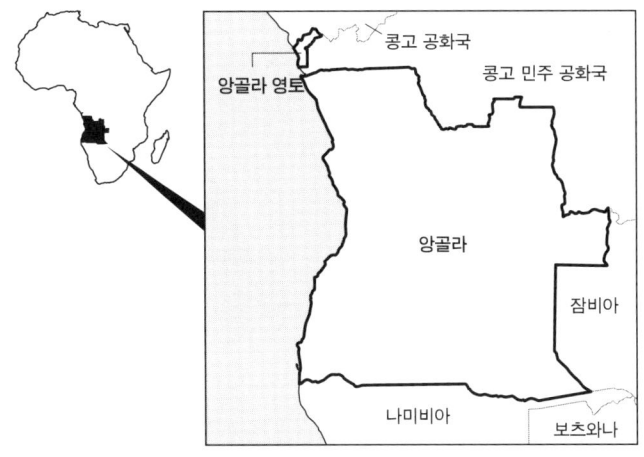

써, 1975년 앙골라 인민공화국으로 독립하게 되지만, 이 세 그룹 간의 주도권 싸움이 내전으로 이어졌습니다.

미국, 소련, 중국이 각기 다른 그룹을 지원하는 전형적인 대리전 양상을 띠며, 냉전이 끝난 이후에도 해결되지 않았습니다. 그로 인해 내전으로 인한 사망자가 350만 명에 달하는 것으로 알려져 있습니다. 또한 내전 당시에 매설한 지뢰가 여전히 많이 남아 있어, 현재도 지뢰로 인한 사망사고가 끊이지 않고 있습니다.

오가덴 전쟁

소말리아 사람들은 인접 국가인 에티오피아의 오가덴 주에도 상당수 거주하고 있습니다. 소말리아는 오가덴 주에 거주하는 소

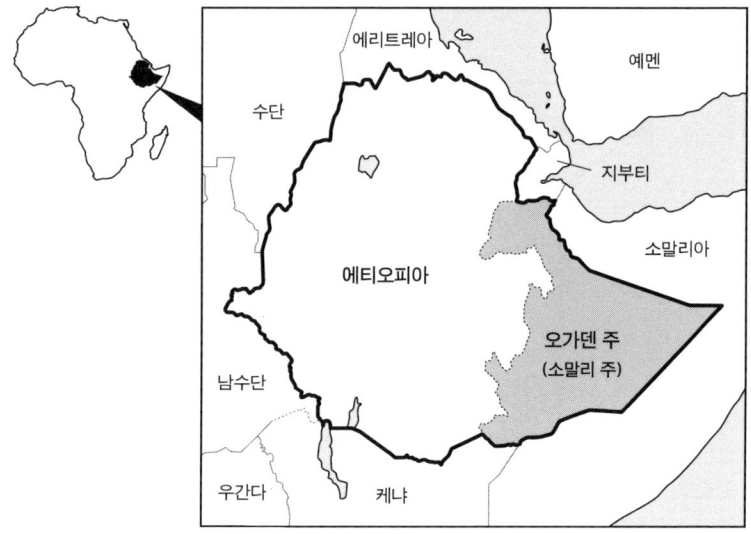

말리아인들을 지원하며 독립운동을 부추겼습니다.

당연히 에티오피아는 탄압했고, 이때부터 에티오피아에는 소련, 소말리아에는 미국이 가세하는 형태의 대리전으로 발전하게 되었습니다.

그러다 소말리아 내전이 발발하면서, 소말리아와 에티오피아는 1988년에 휴전을 체결하게 됩니다. 이 전쟁 기간에 발생한 가뭄으로 인한 기아, 그리고 전쟁 피해를 합하면 최대 100만 명이 희생된 것으로 추정됩니다.

소말리아 내전

프랑스령 지부티부터 영국령 케냐 북부에 이르는 지역에 거주하는 소말리아인을 하나의 국가로 통합하려는 사상을 대소말리아주의라고 합니다.

앞서 언급한 오가덴 전쟁 역시 대소말리아주의에 근거하여 일어났지만, 아무런 이득도 얻지 못한 채 오히려 경제가 파탄에 이르게 되었습니다. 이로 인해 소말리아 내부에서는 여러 군벌이 반¥독립적인 정권을 형성하며 내전이 일어나게 됩니다.

그중 가장 강력한 세력을 자랑하던 아이디드Aidid 장군을 체포하기 위해, 유엔 평화유지활동(PKO) 군이 파견되고 미국이 주도하는 다국적군이 개입했지만, 별다른 성과를 거두지 못하고 철수하게 됩니다. 이 과정을 그린 영화가 〈블랙호크 다운〉입니다.

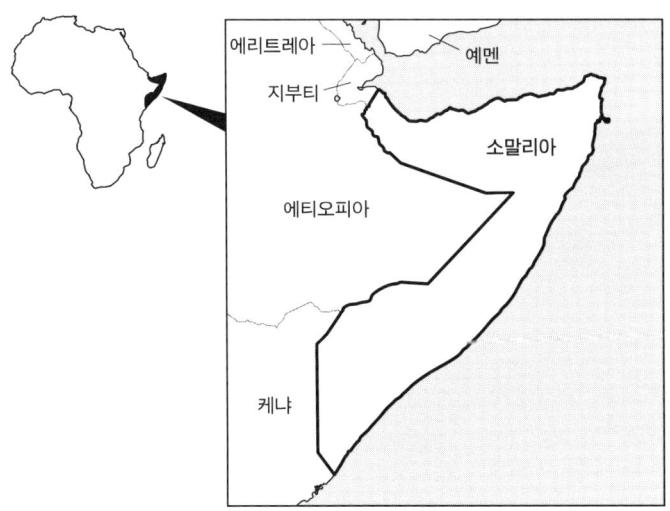

이후 에티오피아까지 개입하면서 진흙탕 싸움으로 번진 이 내전은, 현재는 다소 진정된 상태이지만, 30만 명 이상의 사망자가 발생했을 뿐만 아니라 인도양 해역의 치안 악화까지 초래하며 여전히 국제 문제로 남아 있습니다.

라이베리아 내전

라이베리아 공화국은 19세기 말, 아프리카의 식민지화가 진행되던 시기에 에티오피아와 함께 식민지가 되지 않은 나라입니다. 라이베리아는 미국의 해방 노예들에 의해 아프리카에 건설된 국가라는 이유로 식민지로 편입되지 않았습니다. 라이베리아 흑인의 뿌리는 미국에 있었기 때문에 문명화된 것으로 여겨졌고, 그로 인해 식민지로 삼을 근거가 없었습니다.

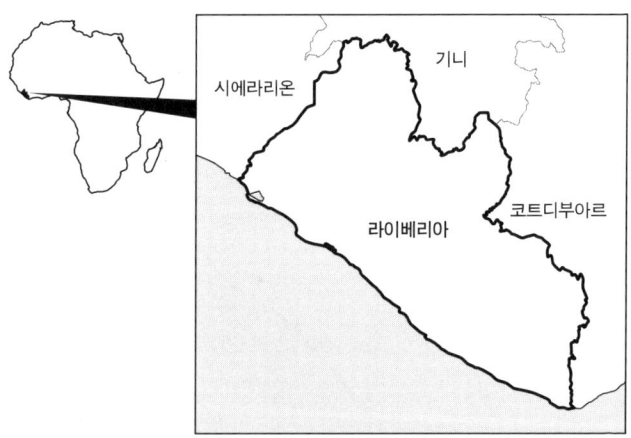

라이베리아는 오랫동안 미국에서 건너온 건국자(해방 노예)의 후손(아메리칸 라이베리안Americo Liberian이라고 부름)들이 정치 지도자의 자리를 차지하고 있었습니다. 그러나 이에 대한 불만이 1980년대에 폭발하게 됩니다.

아메리칸 라이베리안 정권이 쿠데타로 몰락하자 내전이 시작됩니다. 여러 세력이 서로 대립하는 전란 속에서 20만 명 이상의 사망자가 발생한 것으로 알려져 있습니다.

우간다 분쟁

우간다에서는 영국 식민지 시대에 흑인들 간의 단결을 방해하기 위해 분할통치가 시행되었습니다. 이런 분할통치가 원인이 되어 내전이 시작됩니다.

이 내전에 '신의 저항군'이라고 불리는 반정부군 무장조직이 가담하게 되는데, 이 '신의 저항군'은 아이들을 납치해 '소년병'으로 만들고, 입에 담기조차 힘든 비인도적이고 잔혹한 행위를 저지르도록 강요했습니다.

200만 명 이상의 국내 피난민을 낳은 우간다의 참상은 〈인비저블 칠드런Invisible Children〉이라는 다큐멘터리 영화에 생생하게 묘사되어 있습니다. 또한 '신의 저항군' 지도자 조지프 코니Joseph Kony를 잡기 위해 고군분투하는 미국 젊은이들의 모습도 유튜브에서 볼 수 있습니다. 'Kony 2012'로 검색하면 1억 회 이상 재생된 동영상을 확인할 수 있습니다. 현재도 코니는 도피 중이며, '신의 저항군'은 여전히 게릴라 활동을 이어가고 있습니다.

르완다 분쟁

르완다는 우간다와 함께 독일의 식민지였으나, 독일이 제1차 세계대전에서 패하면서 벨기에의 식민지가 되었습니다. 벨기에는 르완다에서 **투치라는 소수파 집단**을 이용해, **다수파인 후투**를 지배하는 분할통치를 실시했습니다. 참고로 투치와 후투는 한국으로 치면 서울 사람과 경기도 사람 정도의 차이로, 부족이나 민족으로 설명할 수 없어서 원칙적으로 '투치족' '후투족'으로 표기하지 않습니다.

1962년, 르완다가 독립하면서 다수파인 후투가 정권을 잡았습니다. 탄압을 우려한 소수파 투치는 이웃 나라인 우간다로 일부가 피난을 떠나게 됩니다. 1990년, 이들이 세력을 키워 후투가 정권을 잡은 르완다를 공격하였습니다. 내전은 1993년에 종결되었지만, 곧이어 후투 출신 대통령이 의문의 죽임을 당하자 '투치 놈들에게 살해당한 거 같다'라는 소문이 퍼졌고, 1994년 투치에 대한 대규모 학살이 벌어졌습니다. 더욱 충격적인 사실은 평범한 사람들까지 이 학살에 가담했다는 점입니다.

이에 투치도 후투에 반격을 가하면서, 투치와 후투 양쪽 모두 수많은 난민이 생기고, 불과 3개월 만에 100만 명에 가까운 사망

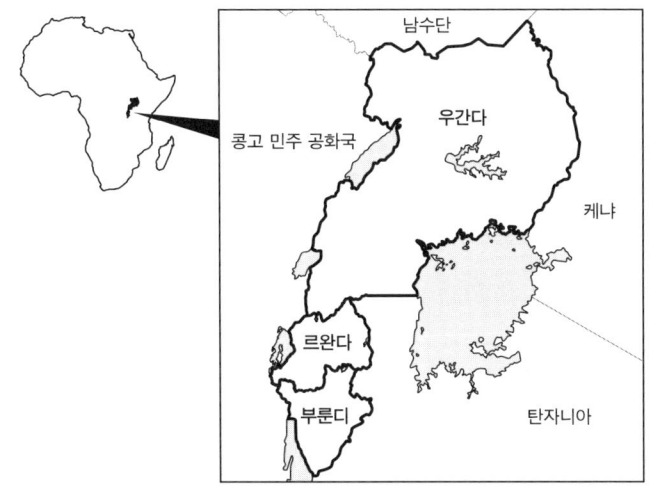

자가 발생하게 됩니다. 워낙 참혹한 사건이다 보니 이 내전을 배경으로 한 영화나 문학 작품도 많습니다. 그중 〈호텔 르완다〉〈슈팅 독스〉가 유명합니다.

널리 알려진 사실이지만, 후투에 의한 투치 학살의 배경에는 라디오 방송에서 퍼진 투치에 대한 혐오 발언hate speech이 있었습니다. 혐오 발언이 용납되어서는 안 되는 이유는 이러한 발언들이 대규모 학살을 유발하는 도화선이 될 수 있기 때문입니다.

부룬디 내전

부룬디는 르완다 남쪽에 위치하며, 독일령에서 벨기에령으로 넘어간 역사와, 소수파인 투치와 다수파인 후투라는 주민 분포는 르완다와 동일합니다.

1962년 독립 이후, 투치와 후투 간의 대립은 끊임없이 이어졌고, 수만 명이 살해되는 사건이 일어났습니다. 1993년 후투 출신 대통령이 암살되면서 내전으로 확산되었고, 인접국인 르완다에서 난민까지 유입되면서 혼란은 더욱 심각해졌습니다. 이 과정에서 50만 명에 달하는 사망자가 나온 것으로 알려져 있습니다.

제1차, 제2차 콩고 전쟁

앞서 언급한 콩고동란에서는 모부투라는 독재자가 등장하는 부분까지 이야기했습니다. 모부투 정권 시절의 국명은 자이르 공화국이었습니다. 그 이후의 전개를 살펴보겠습니다.

모부투 정권 말기인 1994년, 르완다에서 발생한 투치 학살로 인해 **대규모의 투치 난민이 자이르로 유입**됩니다. 르완다는 투치 난민을 추격해 자이르로 진격했고, 앙골라까지 개입하면서 모부투 정권은 극심한 혼란에 빠지게 됩니다. 결국 모부투는 국외로 도피하는데, 이 사건이 제1차 콩고 전쟁입니다.

1997년 자이르에서 콩고 민주 공화국으로 국명이 변경되고, 1년

후인 1998년에 제2차 콩고 전쟁이 발발합니다. 콩고 민주 공화국 내에서 투치가 반란을 일으키자, 이를 계기로 주변 8개국이 참전하면서 '아프리카 대전'이라고도 불렀습니다. 사망자가 500만 명에 이르는 이 전쟁은 2003년에 일단 평화 합의가 이루어졌습니다.

다르푸르 분쟁

수단 서부에 있는 다르푸르 지역에서 반정부 세력이 무장봉기를 일으키면서 내전이 시작되었습니다.

영국의 식민지였던 수단은 1956년 독립 직후부터 정부 측 아랍인

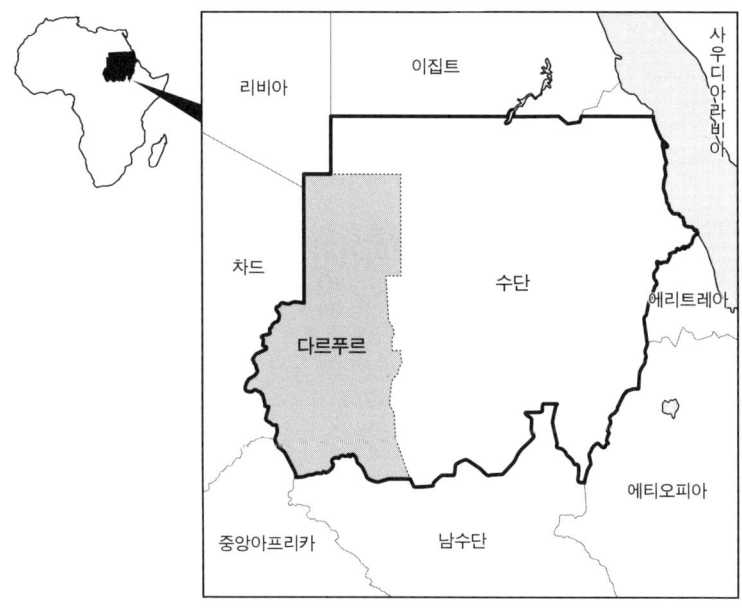

세력과 반정부 세력인 비아랍인 세력 간의 충돌이 빈번하게 일어났고, 이로 인한 사망자는 200만 명이 넘는 것으로 알려져 있습니다.

남수단을 둘러싼 분쟁

1956년 독립 이전부터 수단 남부 지역 주민들은 별도의 국가를 건설하려는 열망이 존재했습니다. 이로 인해 두 차례의 내전이 일어납니다(제1차, 제2차 수단 분쟁). 그리고 2011년, 남수단은 주민투표를 통해 수단으로부터 분리독립을 선언하게 됩니다.

하지만 이후에도 국경선 문제를 둘러싸고 수단과 분쟁이 발생했고, 2013년에는 대통령파와 부통령파 간에 내전이 발발합니다. 현재 **남수단은 실패국가 순위**Failed State Index**에서 소말리아와 함께 베스트 5 고정 멤버**로 자리 잡고 있습니다.

중앙아프리카의 내전

프랑스의 식민지였던 중앙아프리카 공화국은 1960년 독립 이후 여러 차례의 군사 쿠데타로 인해 정국이 불안정한 국가로 알려져 있습니다. 약 500만 명의 인구 중 75만 명 이상이 난민 상태에 놓여 있는 이 나라는 실패국가의 전형적인 사례로 여겨지고 있습니다.

시민 생활을 뒷받침하는 행정서비스가 제대로 제공되지 않는

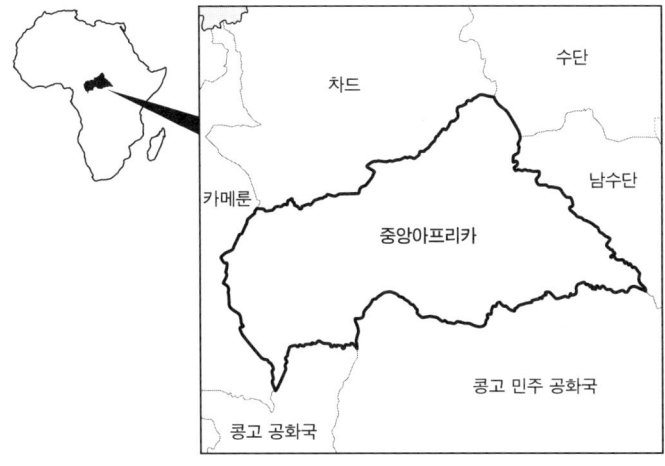

나라를 실패국가라고 합니다. 행정서비스는 무료로 제공될 수 없으며, 이를 뒷받침할 경제적 기반이 부재할 경우 결국 실패국가로 전락할 수밖에 없습니다. 또한 주요 산업이 존재하지 않으면 당연히 국가 운영이 어려워지고, 영토 면적, 인구, 자원, 산업 등 다양한 요소들이 균형을 이루지 못할 경우 무력을 동원한 쟁탈전이 일어나게 됩니다. 이런 상황에서는 인간도 동물과 다를 바 없는 존재로 전락하게 되는 것입니다.

여기까지 우리는 아프리카에서 일어난 주요 분쟁을 살펴보았습니다. 지난 반세기 동안 아프리카 대륙에서 얼마나 많은 사람이 희생되었는지, 앞서 언급한 숫자들을 더해 보시기 바랍니다. 여기에 전쟁을 피해 난민으로 전락할 수밖에 없었던 사람들까지 포함한다면 그 숫자는 훨씬 더 많아질 것입니다.

아프리카에서 일어나고 있는 일들을 떠올릴 때면 여러 나라의 세계 인식에 결함이 있다는 생각이 듭니다.

예를 들어, 2022년 러시아가 우크라이나를 침공했을 당시, 여러 나라의 미디어는 한 달 넘게 집중적으로 보도했습니다. 그렇다면 아프리카에서 수많은 분쟁이 일어났다는 사실에 대해서는 얼마나 보도되었을까요? 우간다 편에서 소개한 'Kony 2012' 영상에 나오는 대사가 떠오릅니다. "만약 이런 일이 미국에서 일어났다면 틀림없이 《뉴스위크》 표지를 장식했을 것이다." 분쟁을 일으키는 사람들은 수준이 낮아서 상대할 필요가 없다는 의식이 어딘가에 존재하는 것은 아닐까요?

아프리카식 민주화와 평화구축

식민지에서 벗어나 정치적으로 독립했다고 해서 경제적으로 자립할 수 있는 것을 의미하는 것은 아닙니다.* 그 이유는, 자급자족이 무너지고 플랜테이션 농업과 자원 수출 대부분이 광산업 정도에 국한된 식민지 경제 구조가 그대로 남아 있기 때문입니다. 이러한 구도 속에서 정부 주도로 경제 성장을 이끌 필요성이 제기되었

* 모노컬쳐Monoculture 경제 체제하에서 빈곤에서 벗어나지 못한 나라들은 남반구에 집중되어 있다. 반면 부유한 공업국들은 북반구에 많다. 이를 '남북문제'라고 부른다. 제2차 세계대전 이후 냉전을 둘러싼 여러 문제는 '동서문제'라고 불렸지만, 1960년대 이후 '남북문제'라는 용어가 사용되기 시작했다(영국의 올리버 프랭크스Oliver Franks가 처음 사용). 남북문제 해결을 위해 1964년에는 유엔무역개발회의(UNCTAD)가 설립되었다. 1970년대 이후, 공업화를 추진할 수 있었던 국가(신흥공업경제지역/NIES)와 그렇지 못한 국가(후발개발도상국/LDC) 간의 격차도 두드러지게 나타났는데, 이는 '남남문제'라고 부른다.

고, 그 과정에서 독재가 요구됩니다. 이를 개발독재라고 부릅니다.

그러나 두 차례의 오일쇼크로 인해 경제가 파탄에 이르자, 인권침해를 저지른 독재 정권은 국내외에서 거센 비판에 직면하게 됩니다. 세계사의 큰 흐름을 살펴보면, 1980년대부터 전 세계적으로 민주화의 물결이 일어나면서 아프리카 또한 대부분의 국가가 정치적으로 민주화를 이루며, 헌법에 복수정당제가 명시되었습니다. 이는 독립 직후부터 지속된 일당 지배와 독재 체제에 대한 반성에서 비롯된 것이었습니다.

그렇다고 해서 선거를 통해 평화적으로 정권을 교체하고, 대화로 문제를 해결하는 정치 형태가 바로 정착된 것은 아니었습니다. 오히려 선거가 내전의 방아쇠가 되기도 했습니다. 내전뿐만 아니라 20세기 말부터 시작된 세계적 기후변화로 인한 자연재해도 아프리카의 위기를 한층 심화시켰습니다.

그럼에도 불구하고 2010년대 이후 많은 지역에서 분쟁은 소강상태를 유지하고 있습니다. '아프리카 문제는 아프리카에서 해결한다'는 슬로건은 1963년에 설립된 OAU(아프리카 통일기구)에 의해 제시되었습니다. 이 조직은 2002년에 AU(아프리카연합)로 발전하게 됩니다. 현재는 유엔의 PKO 활동과 더불어 AU 자체 평화유지군이 결성되어 분쟁 해결을 위한 노력을 이어가고 있습니다.

대량학살genocide의 전형이라 할 수 있는 르완다 학살 이후, 유럽식 해결 방식이 아닌 아프리카 사람들이 납득할 수 있는 방식으로 해결책을 모색하며 보복의 연결고리를 끊어내는 데 성공했습니다. 르완다와 부룬디는 끔찍한 대량학살이 있었음에도 불구하고

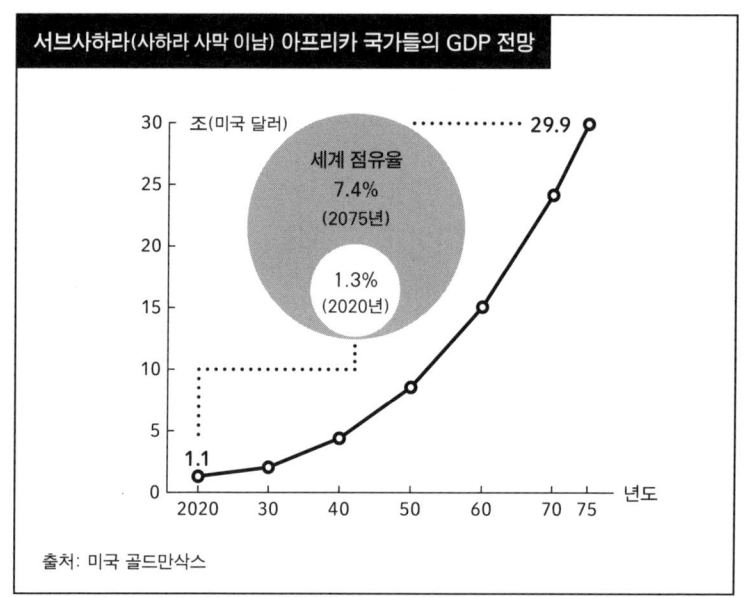

사형제도를 폐지했습니다.

또한, 아파르트헤이트apartheid(1991년에 폐지된 남아프리카 공화국의 인종차별 정책-옮긴이 주) 이후 남아프리카 공화국은 흑인과 백인이 공존하는 사회로 변화했습니다. 낙관하기에는 이르지만, 아프리카식 해결 방식은 유럽식 원칙에 얽매이지 않는 방법으로 비유럽권의 분쟁 해결에 새로운 가능성을 제시할 수 있을 것입니다.

2000년에 유엔 정상회의에서 채택된 새천년개발목표(MDGs)는 2015년 지속가능발전목표(SDGs)라는 새로운 형태의 목표로 이어졌습니다. 이제 선진국과 개발도상국 모두가 지구적 차원의 목표를 향해 나아가야 할 때입니다.

동남아시아의 분쟁

　동남아시아는 언뜻 보기에는 아프리카처럼 자로 그은 듯한 국경선이 눈에 띄지 않지만, 많은 분쟁과 직면하고 있습니다. 사실 국경선을 긋는 것 자체가 인위적인 행위이며, 마치 규격자를 대고 그린 듯한 국경선은 그 부자연스러움을 여실히 드러내는 사례일 뿐입니다.

　동남아시아가 식민지였던 19세기 말과 현재의 국경선을 비교해 보면, 식민지 시대의 상처가 여전히 남아 있음을 알 수 있습니다. 그렇다면 어떤 분쟁들이 있었는지 살펴보도록 하겠습니다.

태국이 직면한 두 가지 분쟁

　우선, **캄보디아와의 분쟁**이 있습니다. 먼저, 태국 국경이 어떻게 결정되었는지에 대해 설명해 보겠습니다.

　아시아와 아프리카 대부분이 유럽의 식민지로 전락한 가운데,

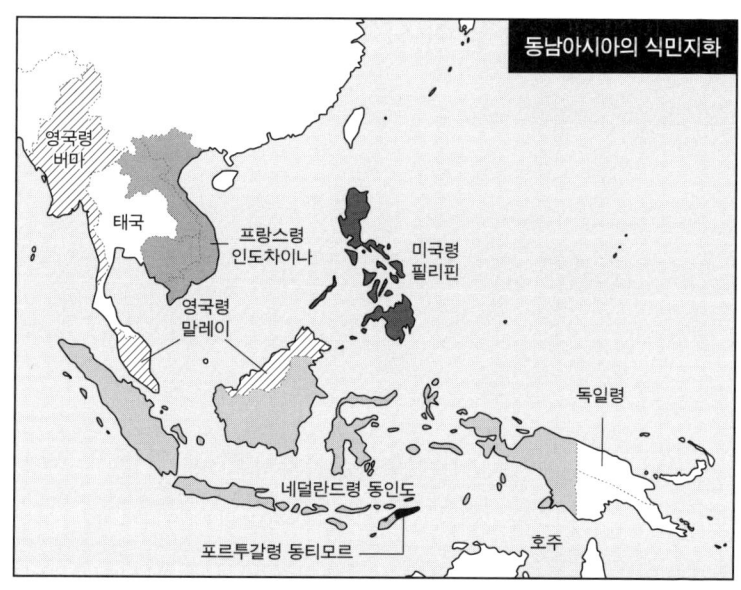

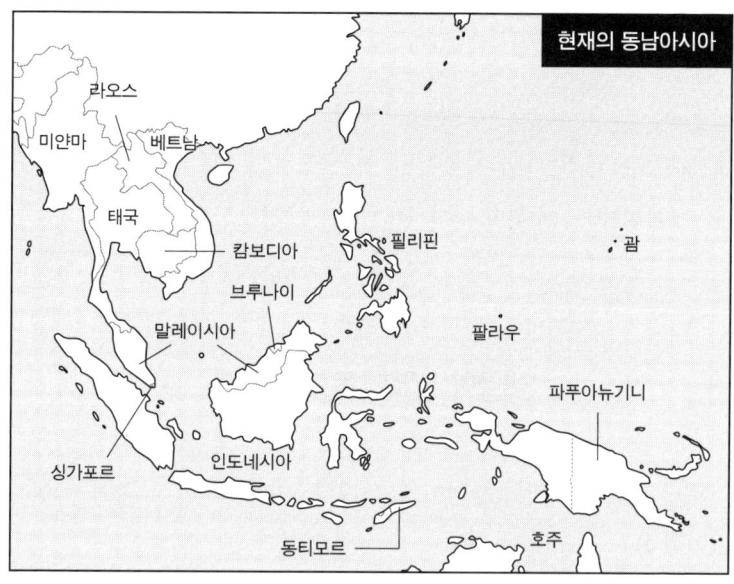

태국은 **일본과 함께 독립 상태를 유지했던** 나라입니다. 하지만 일본과 달리 태국은 상당히 어려운 상황에 놓여 있었습니다.

동쪽에서는 프랑스가, 서쪽에서는 영국이 태국을 호시탐탐 노리고 있었습니다. 결국 프랑스와 영국이 태국을 독립적인 국가로 유지하기로 결정하면서, 식민지가 되지는 않았습니다. 그러나 **태국의 국경은 영국과 프랑스에 의해 결정되게** 됩니다. 기존(주권국가 체제 이전)에는 동남아시아에 명확한 국경선이 존재하지 않았습니다. 태국이 막연히 지배하던 지역에 '태국 영토는 여기까지'라고 영국과 프랑스가 명확하게 선을 그은 것입니다.

앙코르와트라는 유명한 유적지가 있습니다. 앙코르와트는 태국 역사 속에 등장하지만, 현재는 캄보디아 영토입니다. 이 지역은 한때 태국 영토였지만, 당시에 정해진 국경선에 의해 프랑스 영토가 된 것입니다.*

프랑스령 캄보디아와 태국 사이에는 국경선에 대한 이견이 존재합니다. 그 쟁점 지역은 프레아 비헤아르Preah Vihear 사원이 위치한 곳입니다.

1953년 캄보디아가 프랑스로부터 독립하면서, 태국과 캄보디아 간의 국경 분쟁이 시작되었습니다. 태국 입장에서는 이 지역이 프랑스에 빼앗긴 영토라는 인식이 있었고, 프랑스가 인도차이나

---

* 2003년, 태국 여배우 수바난트 콩잉이 "앙코르와트는 태국의 것"이라고 발언했다는 뉴스가 전해졌다(본인은 이 발언을 부인했다). 그러자 캄보디아 국내에서는 그녀가 출연한 드라마 방송을 금지하고, 태국 대사관과 태국계 기업에 불을 지르는 등 소동이 일어났다.

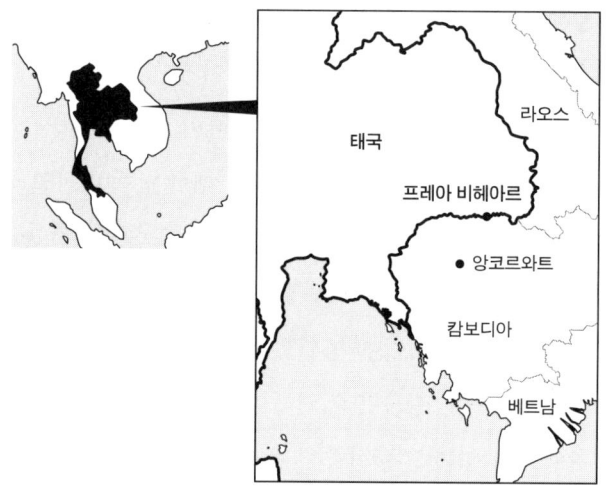

반도에서 철수한 만큼 당연히 빼앗긴 영토를 되찾아야 한다고 생각했을 것입니다.

국제사법재판소가 프레아 비헤아르 사원이 있는 지역은 캄보디아 영토라고 판결을 내렸지만, 태국은 이를 쉽게 받아들이지 않았습니다. 그 이유는 제2차 세계대전의 혼란 속에서도 태국이 이 지역을 실질적으로 지배해 왔기 때문입니다.

또한 프레아 비헤아르 사원이 절벽에 위치해 있어 태국 쪽에서는 갈 수 있지만 캄보디아 쪽에서는 접근이 불가능하다는 이유도 있었습니다.

2008년 캄보디아가 프레아 비헤아르 사원을 세계문화유산으로 등재하자, 이에 대한 반발이 태국에서 일어났고 무력 충돌로까지 이어졌습니다. 하지만 2013년 국제사법재판소가 이 지역을 캄보디아 영토로 재차 규정하면서 사태는 일단락되었습니다.

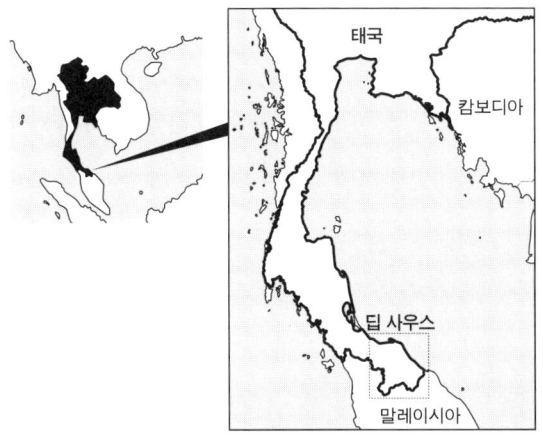

　태국이 직면한 두 번째 분쟁은 태국 남부 분쟁 문제입니다. 태국은 말레이반도 중부까지 영토가 뻗어 있는데, 그 최남단 지역은 말레이시아와 국경을 접하고 있습니다. 이 지역을 태국에서는 딥 사우스Deep South라고 부릅니다.

　말레이반도는 이슬람이 널리 퍼진 지역으로, 태국 남부의 딥 사우스 역시 무슬림(이슬람교도) 인구가 상당수 거주하고 있습니다. 태국은 경건한 불교 신자가 많아 종교 차이가 국민 통합에 걸림돌이 되어 왔습니다. 2004년 이후 이 지역에서 무력 충돌이 발생하며 상황이 악화했지만, 2013년부터 대화가 시작되어 평화를 모색하려는 분위기가 조성되고 있습니다.

　쉽지는 않겠지만, 이 지역의 문제를 해결하려는 노력을 지원하기 위해서라도 **국제사회의 감시의 눈은 지속**되어야 할 것입니다. 이러한 감시의 눈이 분쟁 당사자들에게 무언의 압력으로 작용할 수 있습니다.

라오스의 국어 정책

라오스는 다소 낯선 나라일 수 있지만, 흥미로운 이야기가 있어 소개하고자 합니다.《국민어가 '창조'될 때: 라오스의 언어 내셔널리즘과 태국어国民語가「つくられる」ときラオスの言語ナショナリズムとタイ語》에 국민국가를 만든다는 것이 무엇인지에 대해 이해하기 쉽게 서술되어 있어, 이를 요약해서 전달하겠습니다.

라오스는 태국의 동쪽에 자리한 나라로, 19세기 말부터 20세기 중반까지 프랑스 식민지였습니다. 태국과 라오스, 이 두 나라에 걸쳐 거주하고 있는 사람들이 라오어를 사용하는 라오족입니다. 라오어는 태국어와 매우 유사한데, 마치 지역에 따라 다른 방언처럼 차이가 거의 없는 비슷한 언어입니다.

태국과 프랑스가 국경을 정할 당시, 라오족은 지도에서처럼 두 나라에 걸쳐 분리되어 현재까지 이르고 있습니다. 태국은 라오스를 프랑스에 빼앗겼다는 의식이 강해 어떻게든 라오스를 자신들의 영토에 편입시키려고 했지만, 라오스는 식민지에서 벗어나 프랑스로부터 독립하기 위해 노력했습니다.

제2차 세계대전 후, 프랑스가 인도차이나 반도에서 철수하면서 라오스는 1953년 정식으로 독립을 이루게 되지만, 그때부터 태국과 대립이 시작됩니다. 아이러니하게도 태국에 맞서기 위해 라오스 내부에서는 프랑스 식민지 시절을 미화하는 발언까지 나오기도 했습니다. 이후, 라오스는 태국과 대립하는 과정에서 태국어와는 구별되는 언어로서 '올바른' 라오어를 '창조'하게 됩니다.

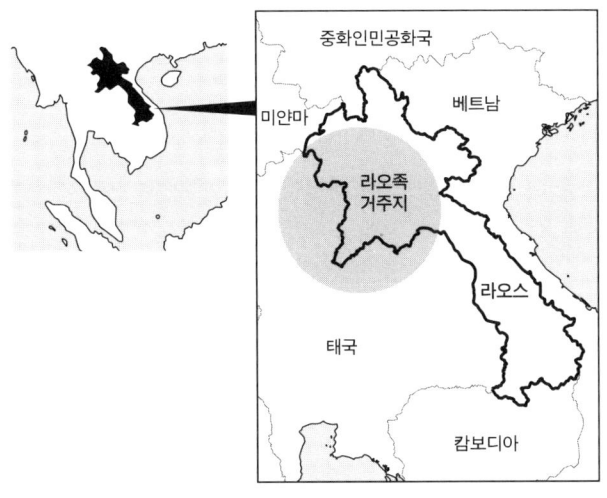

　라오스의 엘리트 계층은 프랑스 식민지 시절, 프랑스어를 유창하게 구사했기 때문에 프랑스어를 국어(공용어)로 삼아야 한다는 의견을 제시하기도 했습니다. 그러나 라오어의 정비는 좀처럼 진척되지 않았고, 그사이에 이웃 나라 태국에서 흘러나오는 라디오와 TV를 통해 태국어를 사용하는 사람들이 점점 늘어났습니다. 라오스에 비해 태국의 경제 수준이 월등히 높았기에 태국어를 통한 문화적 영향력이 라오스 사람들에게 매력적으로 다가왔습니다.

　그러나 일부 사람들, 특히 엘리트 계층들은 태국어 사용자가 늘어나면 라오스가 태국의 일부가 될지도 모른다는 우려에서 라오어 정비를 추진했습니다. 이러한 움직임을 **언어 내셔널리즘**이라고 부릅니다.

예를 들어 비유하자면, 한국 연예인을 좋아하는 일본 서부 지역의 젊은이들이 한국어로 대화하기 시작한다고 가정해 봅시다. 이를 본 사람들이 '이대로는 일본이 위험하다'며 '일본어 사용 운동'을 펼치는 상황과 비슷한 맥락입니다.

하나의 언어에 하나의 민족, 이것이 하나의 국가를 만든다는 내셔널리즘의 사상이나 운동은 식민지로부터의 독립을 위한 것이었지만, 독립을 이루어낸 후 인접 국가와의 차이를 지나치게 부각시키는 것은 대립으로 이어질 수 있습니다.

필리핀 민다나오 분쟁

필리핀은 7,000개가 넘는 크고 작은 섬들로 이루어져 있습니다. 분쟁의 무대가 된 곳은 수도 마닐라가 위치한 루손섬에서 남쪽으로 떨어진 민다나오섬입니다.

1571년 스페인이 마닐라를 건설하고, 당시 스페인 국왕 펠리페 Felipe 2세의 이름을 따서 필리핀이라는 이름이 붙여지게 되면서 19세기 말까지 필리핀은 스페인 식민지로서의 역사를 걸어왔습니다. 스페인의 지배 아래에 있던 루손섬에는 가톨릭이 깊이 뿌리내린 반면, 민다나오섬은 스페인의 영향력이 미치지 않았습니다.

1898년 미국-스페인 전쟁이 일어나면서 필리핀은 독립할 기회를 얻었으나 성공하지 못하고, 미국의 식민지가 되고 맙니다. 이후 미국은 루손섬뿐만 아니라 민다나오섬까지 지배를 확장했습니다.

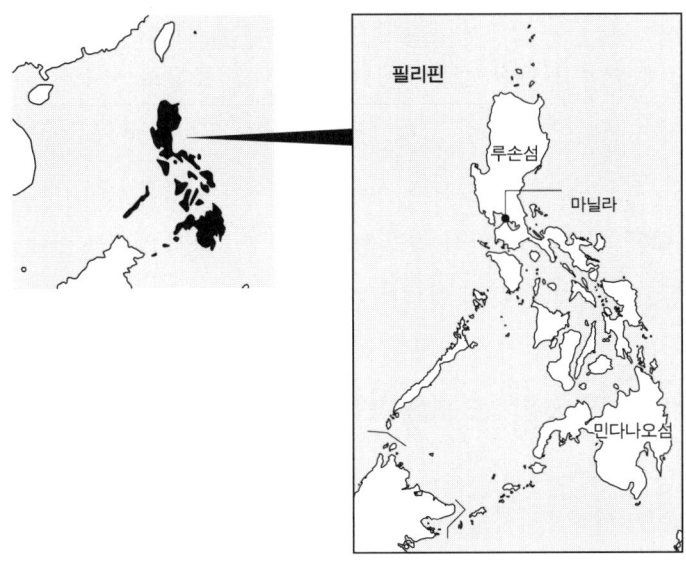

민다나오섬 남부에는 16세기경부터 이슬람이 전파되었습니다. 하지만, 미국의 지배 아래 루손섬에서 민다나오섬으로 이주하는 사람들이 늘어나면서 민다나오섬의 무슬림은 소수파로 전락했습니다.

제2차 세계대전이 끝나고 필리핀은 독립을 이루었지만, 민다나오섬의 무슬림들은 루손섬을 중심으로 한 필리핀 정부의 지배를 거부하며 1970년에 모로 민족 해방전선(MNLF)을 결성하고 무장투쟁을 시작합니다. 모로Moro라 타갈로그어로 무슬림을 의미합니다.

MNLF는 필리핀 정부에 대한 대응 방식을 두고 내부 분열을 겪게 됩니다. 이 과정에서 필리핀 정부에 강경하게 대응하려는 그룹이 이탈하여, 모로 이슬람 해방전선(MILF)을 결성합니다.

이렇게 삼파전 양상으로 전개되는 가운데, 중동의 이슬람 테러 조직과 관련이 있는 아부 사야프와 방사모로 이슬람 자유전사와 같은 과격파들이 등장하기 시작했습니다. MNLF와 MILF는 이 과격파들의 부상에 맞서 필리핀 정부와 협력하기 시작했고, 반세기 동안 이어져 온 내란 상태는 종식될 움직임을 보이고 있습니다. 하지만, 과격파 세력의 동향에 따라 상황이 안정되기까지 다소 시간이 더 필요할 수도 있습니다.

미얀마의 민주화 투쟁과 난민 문제

미얀마는 1989년에 국명이 버마에서 미얀마로 변경되었으나, 군사정권에 의해 변경되었다는 이유로 지금도 버마라는 명칭을 사용하는 국가들이 많습니다.

이 나라의 정식 명칭은 미얀마(버마) 연방공화국입니다. 연방이라는 단어에서 알 수 있듯이 전형적인 다민족 국가로, 집계 방식에 따라 다르지만 100개 이상의 민족이 존재하고 있습니다. 그중 미얀마(버마)인이 약 70%를 차지합니다.

19세기 말 영국의 식민지가 된 후, 1930년에는 독립을 목표로 하는 타킨당이 결성됩니다. 타킨당의 슬로건은 '버마는 우리의 조국, 버마 문자는 우리의 문자, 버마어는 우리의 언어, 우리나라를 사랑하고, 우리 문학을 발전시키며, 우리 언어를 존중하자'는 내

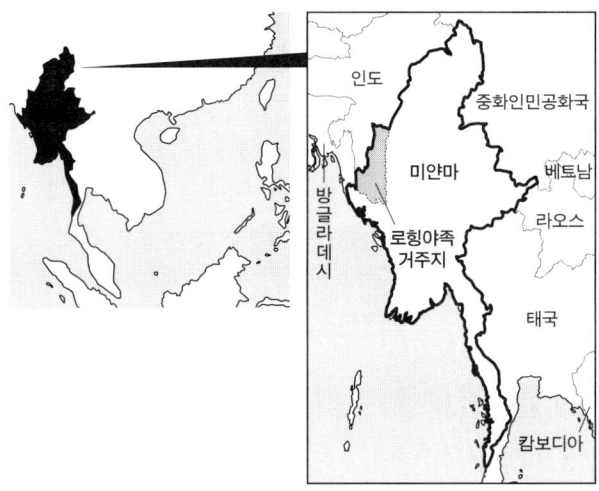

용이었습니다.

앞서 언급한 라오스의 사례와 마찬가지로, 이 슬로건에서도 언어 내셔널리즘의 강한 색채를 읽을 수 있습니다. 영국으로부터의 독립이라는 명분은 아름답게 들리지만, 동시에 많은 소수민족을 '미얀마화'하려는 점에도 주목할 필요가 있습니다.

미얀마는 군사정권이 오랫동안 지속되어 왔습니다. 아웅산 수지Aung San Suu Kyi가 이끄는 민주주의민족동맹(NLD)처럼 민주화를 요구하는 단체도 존재합니다. 이 NLD와 연대하여 소수민족의 권리를 쟁취하려는 카렌족, 카친족 등이 군사정권에 맞서 무장봉기를 벌이고 있습니다. 현재 동남아시아 국가 중 가장 정세가 불안정한 나라로 꼽힙니다.

미얀마에는 로힝야라는 소수민족이 있습니다. '세계에서 가장 박해받는 소수민족'으로 불리며, 미얀마 내에 약 100만 명이 거주하고 있지만, 박해를 피해 국외로 탈출한 난민들도 100만 명에 육박합니다.

로힝야는 미얀마와 인도 국경 부근에 거주하는 이슬람교도들로, 불교가 주류인 미얀마 사회에서 종교적 차이와 피부색, 언어가 다르다는 이유로 국민으로 인정받지 못하고 무국적자 취급을 받으며 탄압을 당하고 있습니다. 많은 로힝야가 미얀마를 떠나 난민이 된 것도 이 때문입니다.

로힝야 난민들은 일본을 비롯한 세계 각국에 망명해 있지만, 대부분은 방글라데시의 난민 캠프에서 열악한 환경을 견디며 생활하고 있습니다. 난민 인구 증가로 로힝야에 대한 방글라데시 국민 감정도 악화해, 로힝야 난민들은 보호가 아닌 감시의 대상으로 전락했으며 국제사회의 도움 없이는 아무것도 할 수 없는 상황에 놓여 있습니다.

인도네시아의 분리독립 운동

먼저, 뉴기니에 거주하고 있는 **파푸아인의 문제**에 대해 살펴보도록 하겠습니다.

뉴기니섬은 19세기 말 네덜란드, 독일, 영국(제1차 세계대전 이후에는 호주)에 의해 삼등분되었습니다. 자로 그은 듯한 너무도 부자연스러운 국경선입니다. 이 섬에 사는 사람들이 파푸아인입니다. 독일령 뉴기니는 제1차 세계대전 후에는 일본령으로, 제2차

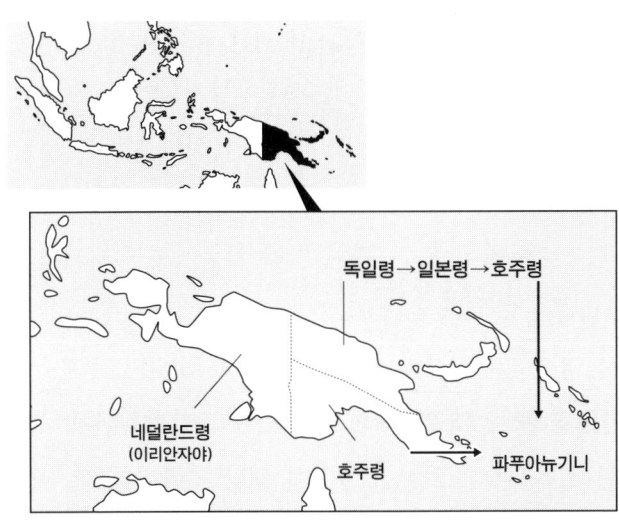

세계대전 후에는 호주령이 되었다가, 1975년 독립하여 파푸아뉴기니가 됩니다.

한편, 네덜란드령 뉴기니를 이리안자야라고 불렀는데, 이곳은 제2차 세계대전이 끝난 직후인 1945년에 독립하지 못하고 네덜란드 지배하에 남아 있었습니다. 네덜란드는 이리안자야의 지배권을 포기하고 싶지 않았으나, 탈식민지화의 물결이 일던 20세기 후반 결국 지배권을 내려놓게 되었습니다. 그 결과 이리안자야는 1963년에 인도네시아 영토로 편입됩니다.

이리안자야에 거주하던 파푸아인은 네덜란드 식민지 시절부터 독립운동을 전개해 왔기 때문에 인도네시아 편입에 불만을 품고 분리독립 운동을 시작했습니다. 현재까지 약 10만 명이 희생된 것으로 알려져 있습니다.

뉴기니섬의 서쪽 절반은 인도네시아에 속해 있어 동남아국가연합(ASEAN)에 가입되어 있지만, 파푸아뉴기니는 ASEAN에 가입되어 있지 않습니다. 그 이유 중 하나는 군사독재정권을 이끌었던 수카르노Soekarno를 비롯한 인도네시아 사람들이 파푸아인을 열등한 민족으로 얕잡아 보는, 다시 말해 인종차별적 의식이 있었기 때문입니다.

유럽인이 아시아인을 멸시했던 태도를 비난하려면, 먼저 우리 자신도 타인을 멸시하는 태도를 취한 적은 없는지 돌아보아야 합니다. 일본도 마찬가지입니다. 일본이 아시아 해방을 위해 제2차 세계대전을 일으켰다는 주장이 한국이나 중국 멸시로 이어져서는 결코 안 될 것입니다.

다음으로, 이제는 해결된 **동티모르 분쟁**에 대해 이야기해 보겠습니다.

티모르섬은 16세기부터 포르투갈의 식민지였습니다. 17세기에 이 지역에 네덜란드가 진출하면서 티모르섬을 동서로 분할하기로 결정합니다.

서티모르는 제2차 세계대전 직후인 1945년에 인도네시아에 편입된 반면, 동티모르는 여전히 포르투갈의 영토로 남아 있었습니다.

포르투갈은 1930년대부터 살라자르에 의한 독재가 계속되었습니다. 포르투갈이 지배하던 아프리카 식민지(앙골라, 모잠비크, 기니비사우)에서 독립운동이 거세지자, 이를 진압하는 과정에서 재정은 파탄에 이르게 됩니다. 그러다 살라자르가 정계에서 은퇴하자, 젊은 장교들 사이에서 체제 변화를 꾀하는 움직임이 확산되었

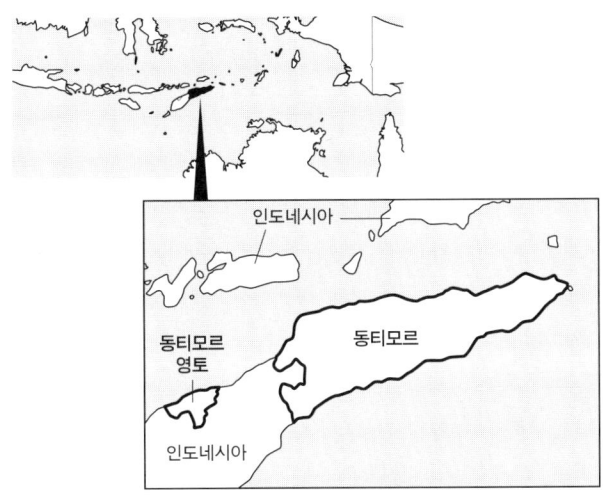

고 1974년에 독재 정권이 무너지는 카네이션 혁명이 일어나게 됩니다.

본국의 이러한 변화로 동티모르에서도 정치적 자유가 확대되며, 독립을 주장하는 세력과 포르투갈령으로 남으려는 세력 간의 대립이 시작됩니다.

독립파 그룹은 공산주의적 색채가 강했습니다. 이를 우려해 인도네시아가 개입하면서 동티모르 전역을 인도네시아가 병합합니다. 이후 동티모르의 독립을 원하는 사람들은 인도네시아에 철저한 탄압을 받게 됩니다.

인도네시아는 1965년 공산당 쿠데타를 진압한 수하르토 Suharto 가 실질적 군사 독재정권을 이어왔지만, 1998년 민주화 운동의 여파로 그 체제가 무너졌습니다. 이에 동티모르에도 마침내 독립의 길이 열렸으나, 이를 받아들이지 않으려는 인도네시아 군의 개

동남아시아의 분쟁　93

입으로 상황은 혼란에 빠졌습니다. 결국 유엔의 개입으로 사태가 진정되었고, 2002년에 공식적으로 동티모르의 독립이 결정되었습니다.

개인적인 이야기지만, 대학 시절 길거리에서 동티모르 인권 탄압에 항의하는 서명운동을 하는 사람들을 마주한 기억이 있습니다. 그런데 그 현장을 몇 명의 양복 차림 사람들이 감시하고 있었습니다. 서명을 받고 있던 사람들에게 물어보니 "공안들이에요"라는 대답이 돌아왔습니다. 당시 10대였던 저는 왜 이런 운동이 감시의 대상이 되어야 하는지 이해할 수 없었습니다. 몇 년이 지나고 나서야 냉전 시기에 공산주의와 연계된 동티모르의 독립운동을 지지하는 행위가 감시 대상이 되는 것이 당연하다는 것을 깨달았습니다. 이후 냉전이 종식되고 미국이 동티모르 문제를 중요 의제로 다루기 시작하면서 동티모르 인권 탄압에 반대하는 운동이 일반화되었습니다.

마지막으로 인도네시아 내부의 분쟁 가운데 대표적인 사례로 알려진 **아체 독립운동**에 대해 살펴보겠습니다.

인도네시아는 수많은 섬으로 이루어진 나라로, 각각의 섬마다 고유문화가 존재합니다. 500개 가까운 언어가 사용되는 전형적인 다민족 국가로, 인도네시아에서 면적과 인구가 가장 두드러지는 수마트라섬과 자와섬도 오랜 기간 외세의 지배를 받았던 역사를 지니고 있습니다.

이러한 섬들을 모두 네덜란드가 식민지로 삼으면서 인도네시아라는 국가가 형성되었는데, 이렇게 되면 지배 집단이 다른 섬들에

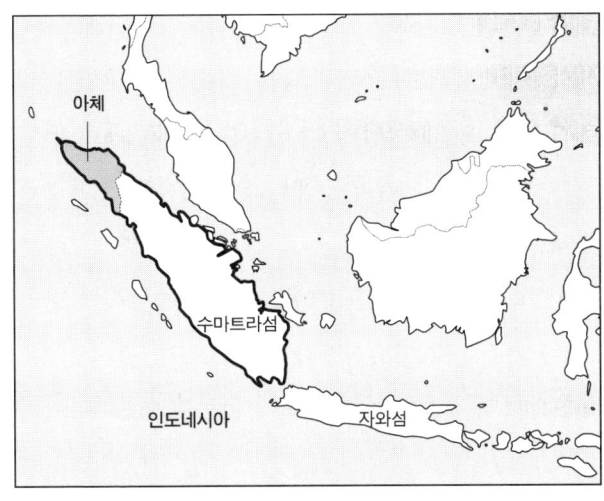

게 동화를 강요하게 되고, 이는 반발을 불러일으킵니다. 그 대표적인 예가 바로 아체입니다.

아체 왕국은 네덜란드가 수마트라섬 지배를 남쪽에서부터 넓혀 가던 시기에 가장 강력히 저항했던 세력이었습니다.

아체 왕국은 역사가 깊으며, 15세기에는 이 지역에서 세력을 크게 확장했었습니다. 동남아시아의 이슬람 맹주라고 할 만큼 동남아시아에 이슬람이 확산하는 데 중추적 역할을 했습니다. 식민지가 된 이후에도 네덜란드 지배에 맞서 지속적으로 저항했으며, 제2차 세계대전 중에는 일시적으로 일본의 지배를 받았으나, 그때도 항일운동을 전개했습니다.

제2차 세계대전이 끝난 후, 네덜란드와 인도네시아 독립전쟁이 발발합니다. 인도네시아의 중심은 자와섬으로, 수도 자카르타와 독립운동 지도자였던 수카르노의 고향도 모두 자와섬에 자리 잡고 있습니다.

아체는 독립전쟁 당시 수카르노로부터 대폭적인 자치권을 약속 받았으나, 독립 후 그 약속은 번복되었습니다. 이에 대한 반발로 인도네시아로부터의 분리독립 운동을 시작했고, 현재까지 이어지고 있습니다.

인도네시아 정부는 이 분리독립 운동을 철저하게 탄압해 왔습니다. 그 과정에서 많은 희생자가 발생했으며, 현재까지도 원한의 악순환 속에서 해결의 실마리를 찾지 못하고 있습니다.

동남아시아에는 1967년에 설립된 지역협력 기구인 ASEAN이 있습니다. ASEAN은 아프리카 연합과 마찬가지로 '지역 문제는 지역에서 해결한다'는 원칙을 내세우고 있습니다. 하지만 동티모르를 둘러싼 분쟁에서는 유엔이 개입해야 했고, 인도네시아 역시 앞서 살펴본 것처럼 분리독립 문제에 직면해 있는 상황입니다. 이러한 현실 속에서 ASEAN은 동남아시아의 안정화를 위한 노력을 지속하고 있습니다.

남아시아의 분쟁

18세기부터 19세기까지 100년간, 영국은 인도 전역을 식민지로 지배했습니다.

제2차 세계대전이 종식되면서 영국은 인도의 통치를 종료하기로 합니다. 하지만 인도는 하나의 국가로 독립하는 방식이 아닌, 인도 공화국, 파키스탄 이슬람 공화국, 방글라데시 인민공화국, 스리랑카 민주사회주의 공화국, 이렇게 4개의 국가로 나뉘어 독립하게 됩니다. 그중에서도 인도와 파키스탄은 분리독립 당시부터 현재까지 계속해서 대립하고 있습니다. 이 문제를 중심으로 20세기 후반의 남아시아 상황을 살펴보겠습니다.

인도와 파키스탄의 분리독립

제2차 세계대전 이전부터 인도에서는 영국의 식민지에서 벗어나기 위한 독립운동이 활발하게 전개되고 있었습니다. 이 운동을

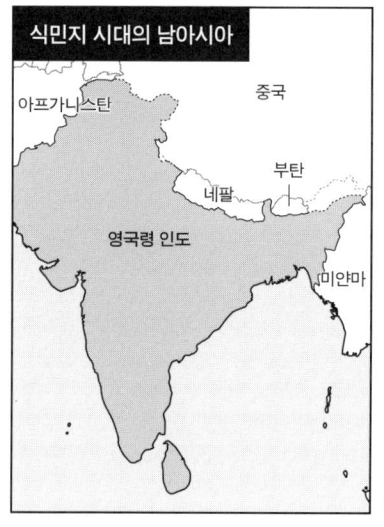 

이끌었던 단체 중 하나가 마하트마 간디Mahatma Gandhi가 속해 있던 인도국민회의입니다. 이들은 인도 전역을 하나의 독립국가로 만들겠다는 목표를 가지고 있었습니다.

반면, 전인도무슬림연맹은 인도의 무슬림만으로 하나의 국가를 건설하자는 주장을 펼쳤습니다. 이 두 단체의 상반된 입장으로 갈등이 깊어졌습니다.

제2차 세계대전이 끝나고 영국의 영향력이 크게 약해지면서 인도에서는 본격적인 독립운동이 일어났지만, 전인도무슬림연맹과 인도국민회의 간의 대립과 균열은 메워지지 않았습니다. 결국 1947년 전인도무슬림연맹은 이슬람 국가로서 파키스탄을, 인도국민회의도 하는 수 없이 인도연방(1950년에 인도 공화국으로 개칭)이라는 형태로 분리독립을 이루게 됩니다.

파키스탄은 이슬람을 국교로 하는 이슬람 국가입니다. 그러나 인도 공화국은 힌두교 국가가 아닙니다. 물론 인도 공화국의 국민 80% 가까이가 힌두교를 믿기는 하지만, 인도 공화국은 특정 종교를 특별 대우하지 않는 세속 국가입니다.

세속 국가라는 개념이 다소 생소할 수 있지만, 일본과 미국, 유럽 등 대부분의 국가가 세속 국가입니다. 의식하지 못할 뿐이지 어떤 종교에도 특권적 지위를 부여하지 않는, 즉 정교분리의 원칙을 따르는 국가를 세속 국가라고 합니다.

실제로 인도 공화국에는 10% 조금 넘는 이슬람교도가 거주하고 있으며, 그 외에도 시크교, 자이나교와 같은 종교를 믿는 신도들이 있습니다. 인도 공화국은 종교적 갈등을 최대한 피하는 방법으로 국가를 운영해 왔습니다.

인도에는 카스트 제도의 잔재로 카스트 간의 갈등이 존재하며, 공용어도 20개 가까이 되어 언어로 인한 대립도 있습니다. 따라서 인도는 힌두교도가 다수를 차지하지만, 다양한 내부 갈등이 존재하여 힌두교라는 종교만으로 통합할 수 없는 복잡한 구조를 지니고 있습니다. 이렇듯 파키스탄=이슬람 vs. 인도=힌두교라는 단순한 대립 구도는 지나치게 단편적인 시각에 불과하다고 강조하고 싶습니다.

물론 '종교적 차이로 인한 갈등'이 없다고는 할 수 없지만, 이를 단순히 종교 갈등으로 치부하기보다는 보다 정밀한 시각에서 접근할 필요가 있습니다. 같은 종교의 신자라고 해도 신앙심이 깊은 신자가 있는가 하면, 그저 부모님이 신자라서 믿게 된 경우처럼 신앙의 정도에는 차이가 있습니다. 이러한 점을 무시하고 단순히 종교 갈등으로 결론짓는 것은 사고의 정지라고 생각합니다.

인도와 파키스탄의 대립은 세속 국가와 종교 국가의 대립, 다시 말해 **국민통합의 이념을 둘러싼 대립**입니다. 종교에 의한 대립이 아니라 종교를 통해 국민 통합을 도모하는 파키스탄과, 종교와 무관하게 국가 통합을 지향하는 인도 간의 대립인 것입니다.

카슈미르를 둘러싼 분쟁

1947년 인도와 파키스탄이 분리독립한 직후, 양국 간에 군사적 충돌이 일어납니다. 이를 제1차 인도-파키스탄 전쟁(카슈미르 분쟁)이라고 부릅니다.

영국의 식민지였던 인도는 영국이 직접 통치하던 지역과, 영국이 권한을 위임한 번왕藩王이 다스리던 지역으로 나뉘어 있었습니다. 분리독립 과정에서 번왕은 파키스탄과 인도 중 어느 쪽에 편입할지 결정해야 했습니다. 이때 카슈미르를 다스리던 번왕은 인도 귀속을 선택했지만, 카슈미르에는 압도적으로 무슬림 인구가 많았기 때문에 이 지역을 둘러싸고 인도와 파키스탄 사이에 갈등이 빚어졌습니다.

결국 카슈미르 지역은 남북으로 분단되어, 북부는 파키스탄, 남부(잠무 카슈미르라고 부름)는 인도가 잠정적으로 통치하게 됩니다.

그러나 1965년, 또다시 카슈미르 지역에서 무력 충돌이 일어나

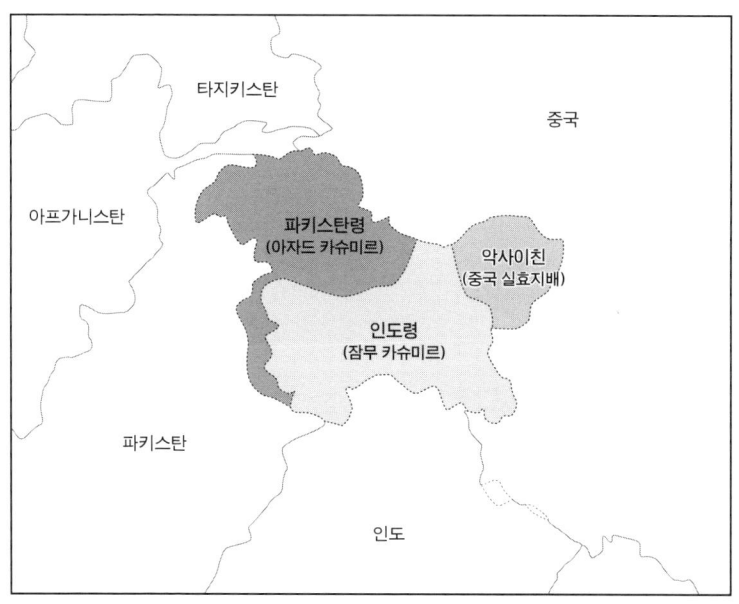

면서 제2차 인도-파키스탄 전쟁(카슈미르 분쟁)이 발발했습니다. 카슈미르 문제는 지금도 해결되지 못한 상태로 남아 있습니다. 특히, 카슈미르의 일부인 악사이친 지역은 혼란을 틈타 현재 중국이 실효지배하고 있습니다.

방글라데시 독립전쟁

 1971년, 제3차 인도-파키스탄 전쟁이 발생했습니다. 이 전쟁은 카슈미르 지역을 둘러싼 전쟁이 아닌, 동파키스탄을 둘러싼 전쟁이었습니다.

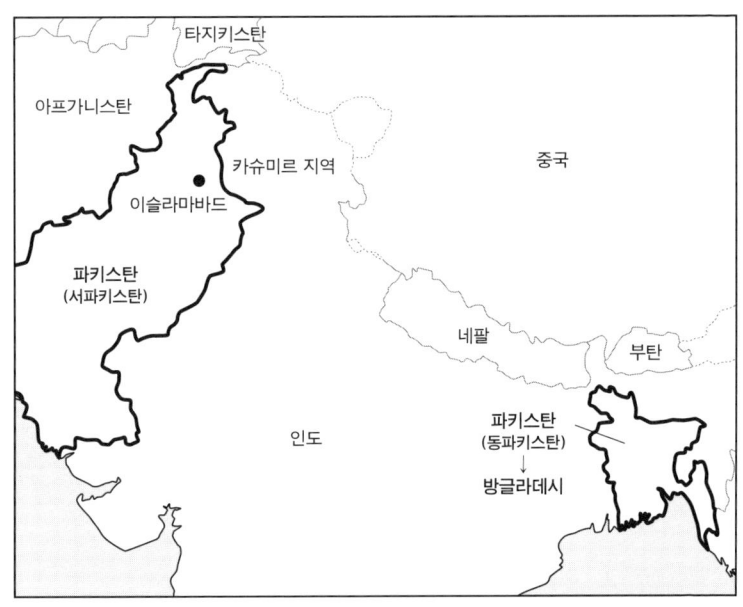

파키스탄은 독립 초기부터 국토가 동파키스탄과 서파키스탄으로 양분된 상태였습니다. 동파키스탄의 인구는 서파키스탄과 비슷했지만 수도인 이슬라마바드는 서파키스탄에 위치해 있었고, 서파키스탄에서 널리 사용되는 우르두어와는 달리 동파키스탄에서는 벵골어를 사용했는데 같은 무슬림이면서도 동파키스탄 주민들은 냉대를 받았습니다.

이러한 차별과 불만으로 동파키스탄에서 독립을 요구하는 움직임이 강해지자, 인도가 이를 지원하는 형태로 전쟁이 시작됩니다. 전쟁은 파키스탄의 패배로 끝났고 동파키스탄은 방글라데시라는 국가로 독립하여 오늘날까지 이어지고 있습니다.

핵무기 개발 경쟁

1974년, 인도는 처음으로 핵실험을 실시합니다. 이에 대응하여 파키스탄도 핵개발을 추진하게 되었고, 1998년 5월 인도가 본격적인 핵실험을 실시하자 파키스탄도 곧바로 핵실험을 단행합니다.

파키스탄에서 핵개발을 주도한 인물은 압둘 카디르 칸Abdul Qadeer Khan 박사로 알려져 있습니다. 칸 박사는 이란과 리비아, 북한 등에 핵무기 제조 기술을 판매했다는 의혹을 받고 있는데 그 전모는 밝혀지지 않고 있습니다.

한편, 인도가 지배하던 잠무 카슈미르에서 점차 인도로부터 분리독립을 요구하는 움직임이 나타나기 시작했습니다. 양국이 핵실험에 성공한 직후인 1999년 카슈미르 지역에서 무력 충돌이 일어났습니다. 이 충돌은 단기간에 종료되어 '제4차 인도-파키스탄 전쟁'으로 불리지는 않았지만, 당시 파키스탄이 핵무기를 준비하고 있다는 소식이 전해져 긴장이 고조되었습니다.

또한 2019년에는 파키스탄의 과격파 조직에 소속된 청년이 잠무 카슈미르에서 자살폭탄 테러를 감행했고, 그에 대한 보복으로 인도가 파키스탄을 공습(바라코트 공습)했습니다. 이처럼 인도와 파키스탄의 대립은 양국이 독립한 지 거의 80년이 지났음에도 전혀 호전될 기미가 보이지 않습니다.

두 나라는 모두 핵을 보유하고 있기 때문에 서로 직접적인 공격을 감행하기 어려운 상황(핵 억지론)이라 전투가 발생한다고 하더라도 소규모로 그칠 가능성이 크다는 의견과, 실제 핵무기가 사용

될 가능성이 있다는 의견이 병존합니다. 따라서 국제사회는 양국의 대립을 지속적으로 주시할 필요가 있습니다.

힌두 내셔널리즘 등장

1980년대 이후 인도에서는 힌두 내셔널리즘(힌두 지상주의)이라고 불리는 사상·운동이 확산했습니다. 이름만 들으면 힌두교를 강조하는 운동처럼 보이지만, 불교, 자이나교, 시크교 등 인도를 기원으로 하는 다양한 종교들을 포용하는 자세를 취하고 있습니다. 심지어 외래종교인 기독교나 이슬람교라도 힌두 문화와 인도에 충성을 맹세한다면 같은 동지로 인정하겠다는 입장입니다. 다시 말해, 그들이 말하는 '힌두'는 메타종교적 개념인 것입니다. 비슷한 사례로 일본의 천황 숭배가 있습니다. 기독교인이든 이슬람이든 천황을 숭배한다면 일본인으로 간주한다는 태도와 유사한 것으로, 천황은 일본의 메타종교라고 할 수 있습니다. 하지만 태평양전쟁 전후의 과도한 천황 숭배로 오모토교大本敎 사건과 같은 종교 탄압이 일어난 것처럼, 현재 힌두 내셔널리즘도 다른 종교, 특히 이슬람을 강하게 억압하는 현상을 보이고 있습니다.

힌두 내셔널리즘의 사상과 운동은 오랜 역사를 지니고 있지만, 그 구체적인 기원에 대해서는 여기서 다루지 않겠습니다. '민족의용단＝민족봉사단(RSS)'이라는 그룹을 결성한 힌두 내셔널리즘 사상주의자들은 영국과 나치 독일이 싸우던 제2차 세계대전 당시, 영국이 패배하면 인도가 독립할 수 있을 것이라는 이유로 나치 독일을 지지했습니다. 인도 독립 과정에서 무슬림에 대해 타협적인 태도를 보였던 마하트마 간디를 살해한 이도 RSS 소속의 청년이었습니다.

RSS는 여전히 히틀러를 옹호하는 입장을 유지하고 있습니다. 참고로 인도에서는 히틀러의 인기가 높아 아이돌처럼 소비되며, 히틀러 이름을 딴 아이스크림이나 커피 같은 상품이 거부감 없이 판매되고 있습니다. RSS가 설립한 정당이 인도인민당으로, 2014년부터 집권하고 있는 모디Modi 총리가 이끄는 여당입니다. 2023년 9월, 모디 총리가 인도의 국명을 '바라트Bharat'로 변경하겠다는 계획을 발표했습니다.

국명이나 도시 이름이 바뀌는 사례는 종종 있습니다. 그루지야가 조지아로, 버마가 미얀마로 바뀐 사례가 유명합니다. 하지만 이러한 변경이 국제사회에서 받아들여지느냐의 여부는 별개의 문제입니다.

인도인민당이 정치적으로 강력해지면서, 인도에서는 나치를 찬양하는 역사 부정론이나, 무슬림에 대한 차별적 선동(혐오 발언), 이슬람교가 인도를 배후에서 지배하고 있다는 음모론적 사고방식이 확산되고 있습니다. 이런 현상은 세계 곳곳에서 나타나는 현대적 특징이기도 합니다.

중국 - 인도 국경 분쟁

중국과 인도 사이에 존재하는 국경 분쟁에 대해 알아보겠습니다.

분쟁 지역은 중화인민공화국 내의 티베트와 인도가 인접한 지역입니다. 티베트와 중국과의 관계는 다음 장에서 설명하겠습니다. 여기서는 중국이 19세기 말부터 제2차 세계대전 이후까지 국가로서의 기능을 제대로 갖추지 못했기 때문에, 그 시기에 체결된 조약에 대해 중국 측이 인정하지 않고 있다는 점만 이해하면 충분합니다.

지도에서 볼 수 있듯, 부탄의 동쪽(아루나찰프라데시)에는 1914년, 영국령 인도와 티베트 사이의 국경선으로 맥마흔선McMahon Line

이 설정되었습니다. 그러나 중국은 이러한 조약을 체결한 적이 없다고 주장하면서, 이 지역의 소유권을 두고 1962년에 무력 충돌이 발생했습니다.

중국과 인도 간의 국경 분쟁은 카슈미르 지역에서도 계속되고 있습니다. 악사이친이라는 지역은 현재 중국이 실효지배하고 있지만, 인도는 이를 인정하지 않고 반발하고 있습니다. 양국은 여전히 국경 문제를 둘러싸고 대립을 이어가고 있으며, 인도와 파키스탄 간의 관계가 악화한 상황 속에서 중국은 반세기 넘게 파키스탄과 협력 관계를 유지해 오고 있습니다.

스리랑카 내전

1948년 영국의 식민지였던 세일론이 독립하여, 1972년에 스리랑카로 개칭되었고 현재까지 이어지고 있습니다.

스리랑카가 직면한 갈등은 타밀족 문제입니다. 스리랑카는 인구의 70% 이상이 불교 신자인 싱할라족이고, 20%가량이 힌두교 신자인 타밀족입니다.

타밀족은 주로 인도 남부에 거주하지만, 기원전부터 스리랑카에 정착해 살아온 이들도 있습니다. 그러나 19세기 영국 식민지 시기에 차 농장이 세일론에 조성되면서, 노동력으로 타밀족이 유입되어 타밀족 인구가 증가하게 되었습니다.

이때, 영국은 소수민족인 타밀족을 우대하는 분할통치를 실시

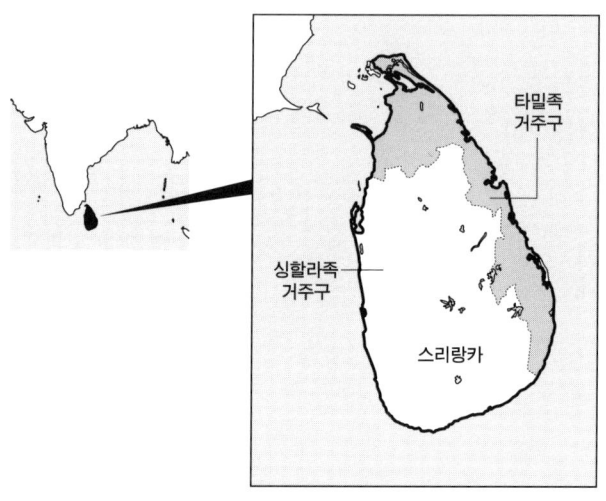

하여, 소수파 타밀족을 이용해 다수파인 싱할라족을 지배하는 구조를 만들었습니다. 이런 배경 속에 싱할라족과 타밀족 간의 대립이 시작되었습니다. 이는 르완다 내전의 투치와 후투 관계와 유사합니다.

영국으로부터 독립한 후, 정권을 잡은 다수파 싱할라족은 타밀족의 선거권을 박탈하고 싱할라어를 공용어로 지정하며 타밀족을 공직에서 배제합니다. 이에 타밀족은 무장단체 '타밀엘람해방호랑이(엘람은 국가를 의미)=LTTE'를 결성하고 분리독립 운동을 시작합니다.

1983년부터 2009년까지 네 차례의 대규모 내전이 발생하였고 결국 LTTE가 패배했지만, 내전 과정에서 드러난 양측의 잔혹 행위는 인권문제로 큰 논란을 일으켰습니다. 현재까지도 많은 타밀족은 피난민 신분으로 자국 내 캠프에서 생활하고 있습니다.

타밀족 국가가 북스리랑카에 건설된다고 하더라도, 인도와 파키스탄처럼 타밀 스리랑카와 싱할라 스리랑카가 대치하는 상황이 발생한다면, 이는 해결책이라고 할 수 없습니다. 분리독립이 문제 해결의 종착점이 될 수 없다면, 스리랑카 내부에서 타밀족을 포함한 소수민족들의 불만을 해소할 수 있는 국가 운영 방안을 마련하는 것이 향후 다른 유사한 분쟁 해결을 위한 모델이 될 것입니다.

제3장

제국 해체의 여파

⚠️

국민국가는 단일민족, 단일국가를 이상으로 여기지만, 현실은 그렇게 단순하게 나눠지지 않습니다. 그 대표적인 사례가 제2장에서 언급한 인위적인 국경선으로 형성된 아프리카의 신흥 독립국가들입니다.

또한, 자로 그은 듯한 국경선은 아니지만, 다른 민족과 공생해야 하는 동남아시아의 사례도 살펴보았습니다.

이번 장에서도 국경선을 둘러싼 여러 분쟁 사례를 다루겠지만, 주로 '제국'의 해체라는 주제에 초점을 맞추어 이야기하겠습니다.

'제국'은 황제가 있는 나라라는 의미도 있지만, 일반적으로는 다른 문화나 종교 등을 가진 구성원들이 함께 살아가는 공간을 제국이라 부릅니다. 요즘 말로 표현하자면 다민족 국가라고 할 수 있겠습니다.

참고로 '제국'은 개념적인 틀이기 때문에 시대에 따라 그 내용은 달라집니다. 유명한 로마제국도 제국이고, 진나라의 시황제가 통치했던 나라도 제국입니다. 제국의 개념을 깊게 다루자면 책 한 권으로도 부족하므로 여기서는 간단히 '근세 제국'에 대해서만 이야기하겠습니다.

근세는 대략 16세기부터 18세기까지를 의미합니다. 이 시기 유럽에서는 주권국가 체제가 성립되었지만, 그 질서는 근세 시대에는 유럽에만 국한되어 있었습니다. 또한, 프랑스 혁명 이전이었기 때문에 내셔널리즘도 아직 형성되지 않았습니다.

이 시대에 유라시아에는 오스트리아 제국, 러시아 제국, 오스만 제국, 청나라 제국이 존재했으나, 내셔널리즘(=단일민족 단일국가의 이념)의 확산으로 제국은 해체될 수밖에 없었습니다. 그 해체를 막으려는 과정에서 현대까지 이어지는 많은 분쟁이 발생하게 되었습니다. 이제부터 그 모습들을 살펴보겠습니다.

오스트리아-헝가리 이중제국의 붕괴

　오스트리아라고 하면, 어떤 이미지가 떠오르시나요? 빈이 수도라는 사실은 비교적 널리 알려져 있지만, 그다지 강한 인상을 주는 나라는 아닐 수도 있습니다. 이는 역설적으로 오스트리아가 대규모 분쟁에 휘말린 일이 적었기 때문일지도 모릅니다. 좋든 나쁘든 분쟁이 발생하지 않으면 뉴스에 오르내리지 않기 때문에 사람들의 기억에 강하게 남지 않게 됩니다.

　제1차 세계대전이 발발했을 당시, 오스트리아는 지금의 영토와는 비교할 수 없을 정도로 광대한 규모를 자랑하는 국가였습니다. 13세기부터 이어져 온 오랜 역사 속에서, 처음에는 빈을 중심으로 한 작은 지배 영역에 불과했지만, 점차 영토를 확장하며 성장했습니다. 본래 독일인들로 구성된 작은 나라였으나, 점차 독일인뿐만 아닌 다양한 민족들을 포용하는 제국으로 발전하게 됩니다.

　19세기에 접어들면서, 오스트리아 제국은 내부의 독립운동으로 큰 곤란을 겪습니다. 이는 프랑스 혁명의 영향을 받아 내셔널리즘이 확산했기 때문입니다. 특히 저항이 거셌던 곳은 마자르인

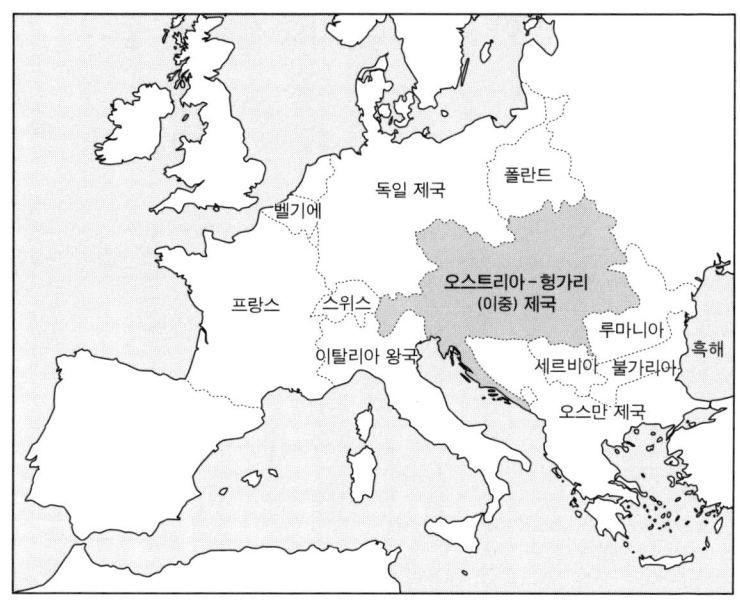

들이 거주하던 헝가리였습니다. 1867년, 오스트리아의 지배층인 독일인들과 마자르인들 사이에 아우스글라이히Ausgleich라는 협정이 체결됩니다. 아우스글라이히는 독일어로 타협을 의미합니다.

이 협정은 마자르인들에게 독립국가와 동등한 지위를 부여하는 대신, 오스트리아 제국 내에 잔류해야 한다는 내용이었습니다. 이를 통해 오스트리아 제국은 오스트리아-헝가리 이중제국으로 전환됩니다.

다른 관점에서 보면, 독일인(게르만인)과 마자르인들이 다른 민족들을 지배하겠다는 의미이기도 합니다. 당시 오스트리아에는 마자르인 외에도 폴란드인, 세르비아인, 크로아티아인, 이탈리아인, 체코인 등 다양한 민족이 공존하고 있었습니다.

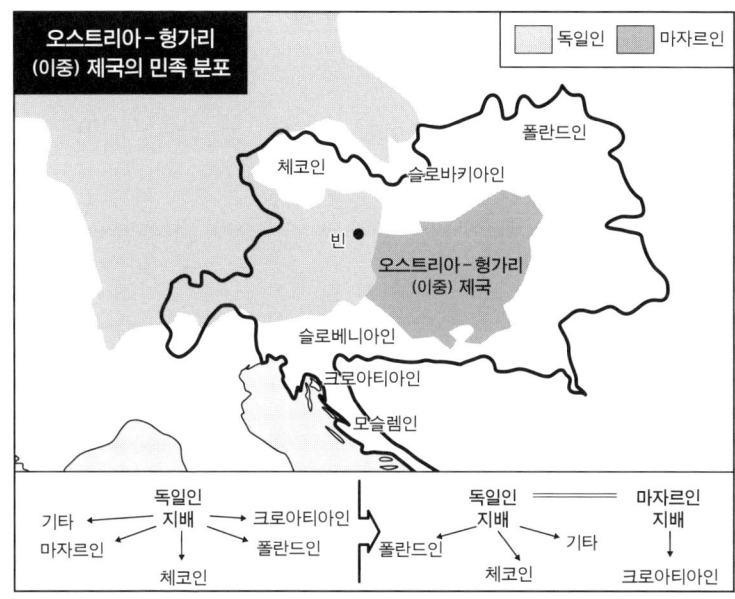

하지만 오스트리아-헝가리 이중제국은 제1차 세계대전에서 패전하며 전후 파리강화회의에서 민족자결 원칙에 따라 제국 해체가 결정되었습니다. 민족의 거주 구역으로 국경선을 명확하게 구분한다는 것이 얼마나 어려운 일인지 앞서 언급한 여러 사례에서도 찾아볼 수 있습니다. 결국, 이 시기에 설정된 경계선이 훗날의 역사에도 큰 영향을 끼치게 됩니다.

마자르인 문제

마자르인들은 오스트리아 내에서 게르만인들과 함께 지배층에 속해 있었기 때문에, 제1차 세계대전 이후 마자르인의 주권국가인 헝가리가 정식으로 성립하게 되었습니다. 그러나 패전국으로 간주되어 새롭게 형성된 헝가리 영토는 마자르인들의 거주 지역과 일치하지 않았습니다. 오히려 **마자르인 거주지보다 더 작은 규모**였습니다.

자국에만 우티 포시데티스 원칙(국경선 신성의 원칙)이 적용되지 않았다는 사실은, 헝가리가 제2차 세계대전에서 추축국인 독일 편에 서게 되는 원인 중 하나가 되었습니다. 물론 패전국이었기에 어쩔 수 없다고 할 수 있겠지만, 결국 제2차 세계대전에서도 패배하면서 영토를 확장하는 데는 실패했습니다.

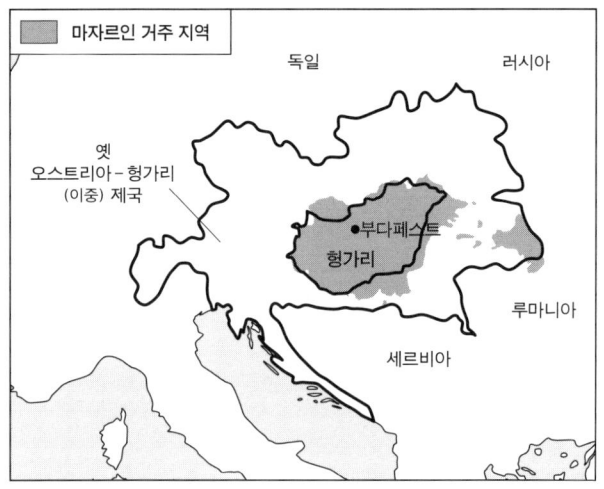

현재 헝가리 내 마자르인 인구는 약 1,000만 명에 달하고, 이웃 국가인 루마니아에는 120만 명 정도가 거주하고 있습니다. 루마니아는 이들을 동화시키려 했지만, 이러한 동화정책에 대한 반발이 1989년 차우셰스쿠Ceaușescu 정권의 붕괴를 촉발하는 계기가 되었습니다. 이러한 역사적 배경은 제1차 세계대전까지 거슬러 올라가야만 제대로 이해할 수 있습니다.

또한 슬로바키아에도 약 50만 명 정도의 마자르인이 거주하고 있지만, 공식 언어는 슬로바키아어뿐이어서 헝가리어를 사용하는 마자르인들 사이에는 불만이 존재합니다. 우크라이나에도 약 15만 명의 마자르인이 거주하고 있어, 양국 간의 관계는 미묘한 상황입니다. 하지만 현재 세계는 마자르인 문제보다 더 심각한 분쟁들로 가득 차 있기 때문에, 마자르인 문제는 상대적으로 주목받지 못하고 있는 실정입니다.

유고슬라비아의 성립

제1차 세계대전 이전과 이후의 지도를 비교해 보시기 바랍니다. 세르비아와 몬테네그로에 더해 오스트리아-헝가리 이중제국의 지배를 받았던 지역에 유고슬라비아가 성립되었음을 확인할 수 있습니다.

유고슬라비아는 성립 직후에는 세르비아-크로아티아-슬로베니아 왕국이라는 국명이었으나, 1929년에 유고슬라비아 왕국으로 개

제1차 세계대전 이전의 유럽

'베르사유 조약' 이후의 유럽

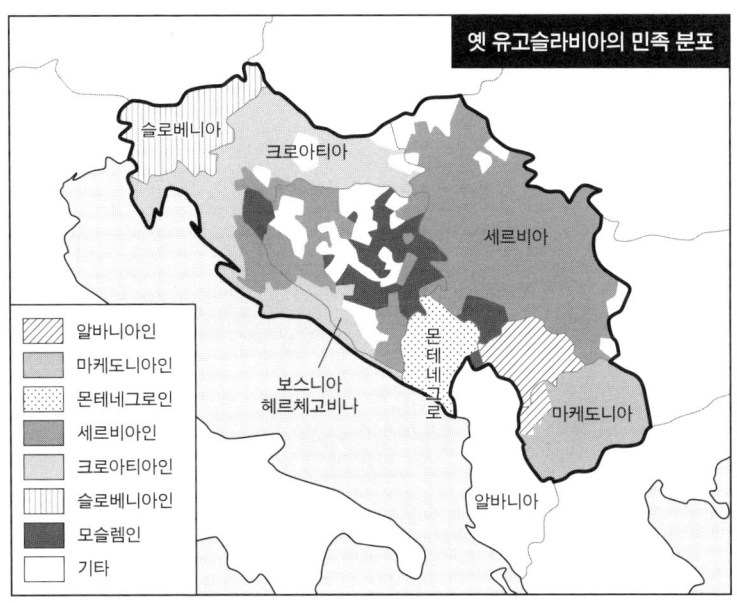

칭되었습니다. 유고슬라비아란 남쪽을 뜻하는 말로, 남슬라브인의 나라라는 의미를 지니고 있습니다. 하지만 건국 초기의 이름을 보면 명백히 제국적인 성격을 지닌 국가였음을 알 수 있습니다.

사실 유고슬라비아는 상당히 복잡합니다.

1개의 연방국가 (유고슬라비아)

2개의 문자 (로마자와 키릴 문자)

3개의 종교 (가톨릭, 그리스 정교, 이슬람)

4개의 언어 (슬로베니아어, 크로아티아어, 세르비아어, 마케도니아어. 모두 방언 정도의 차이로 거의 유사한 언어)

5개의 민족 (슬로베니아인, 크로아티아인, 세르비아인, 마케도니아인, 모슬렘인(이슬람교도))

6개의 공화국 (슬로베니아, 크로아티아, 보스니아 헤르체고비나, 세르비아, 몬테네그로, 마케도니아)

더불어, 세르비아 공화국 안에는, 마자르인이 다수 거주하는 보이보디나 자치주와 알바니아인이 다수 거주하는 코소보 자치주가 존재했습니다. 이렇게 모자이크 타일과 같은 유고슬라비아는 제2차 세계대전 이후 사회주의를 표방하며, 유고슬라비아 사회주의 연방공화국으로 재편성됩니다.

다민족 국가인 유고슬라비아를 하나로 통합할 수 있었던 것은 티토Tito의 카리스마 덕분이었습니다. 티토는 제2차 세계대전 당시, 나치에 지배당하고 있던 유고슬라비아를 해방시킨 지도자입니다.

그는 유고슬라비아의 다민족성을 정확히 이해하고 있었으며, 유고슬라비아 내에서 중심적인 역할을 하고 있던 세르비아(유고슬라비아의 수도 베오그라드 역시 세르비아에 위치)에서 고조되던 민족주의 운동이 다른 공화국을 압박하지 않도록 꾸준히 주의를 기울인 인물이기도 했습니다.

물론 티토는 유고슬라비아 내에서 분리독립을 시도하는 움직임을 용납하지 않았으며, 비밀경찰인 UDBA를 활용해 다민족 국가를 하나로 결속시켰습니다. 아울러 각 민족의 불평불만이 고조되지 않도록 노력하며, 국가 재정에 심각한 적자가 발생하더라도 국민의 생활 수준을 일정하게 유지하려고 애썼습니다.

하지만 1980년 티토의 사망 이후 유고슬라비아 제국은 급속히 붕괴 조짐을 보이기 시작했습니다.

1970년대의 두 차례 오일쇼크는 유고슬라비아의 재정에 심각한 타격을 주었고, 국민의 생활 수준을 예전처럼 유지하는 것이 어려워졌습니다. 또한, 냉전이 끝나면서 사회주의 이데올로기가 국가 통합의 중요한 요소로 기능하지 못하게 되었고, 유고슬라비아의 해체는 빠르게 진행되었습니다.

유고슬라비아의 해체

유고슬라비아의 해체 과정에 대해 간략히 살펴보겠습니다.

'유고슬라비아 해체는 코소보에서 시작해서 코소보에서 끝난다'라는 말이 있습니다. 티토가 사망한 이듬해인 1981년, 알바니아인들이 코소보에서 폭동을 일으킵니다.

코소보는 세르비아 안에 있는 자치주였지만, 이웃 나라인 알바니아와 마찬가지로 주민 대다수가 알바니아인이었습니다. 하지만 코소보에도 20%에 가까운 세르비아인이 거주하고 있었고, 코소보가 독립하면서 이들은 소수파가 되었습니다. 이에 따라 알바니아인과 세르비아인 간의 갈등이 점점 더 깊어지게 되었습니다. 이러한 혼란 속에 세르비아에 등장한 인물이 바로 밀로셰비치Milose-vic입니다.

밀로셰비치는 세르비아 민족주의를 내세워 대중을 선동했고, 민중들도 그를 세르비아 민족의 영웅으로 추앙했습니다. 이에 위기감을 느낀 슬로베니아는 1991년 6월, 유고슬라비아로부터 독립을 선언합니다.

슬로베니아는 유고슬라비아 안에서도 경제적으로 풍요로운 지역이었습니다. 자신들이 벌어들인 돈이 가난한 다른 지역으로 흘러가는 것에 대한 불만도 독립을 선언한 배경 중 하나였습니다.

유고슬라비아(사실상 세르비아)는 슬로베니아의 독립을 인정하지 않고 전쟁을 시작했지만, 단 10일 만에 전투가 종료됩니다. 이렇게 슬로베니아는 유고슬라비아로부터의 독립을 인정받게 됩니다.

슬로베니아와 같은 날 독립을 선언한 나라가 크로아티아입니다. 하지만 크로아티아의 독립은 상당한 진통을 겪습니다. 슬로베니아와 마찬가지로 유고슬라비아(사실상 세르비아)와 전쟁을 치르게 되는데, 이 전쟁은 1995년까지 이어졌습니다. 그 이유는 크로아티아 영토 내에 독립을 지지하지 않는 세르비아인들이 상당수 거주하고 있었기 때문입니다.

게다가 크로아티아인과 세르비아인은 명확한 구분 없이 같은 지역에서 혼합 거주하고 있던 상황이라, 양측을 거주지로 나누는 것은 불가능했습니다. 사실 크로아티아인과 세르비아인의 차이는 서울 사람과 경기도 사람 정도에 불과했습니다.

세르비아인이 다수 거주하는 지역은 크로아티아에 편입되는 것을 거부하며 '크라이나 세르비아 공화국'이라는 이름으로 독립을 시도했지만, 결국 크라이나 세르비아 공화국은 지속되지 못하고 크로아티아 영토로 통합됩니다.

이 과정에서 많은 세르비아인이 내전을 피해 떠나야만 했을 뿐만 아니라, 크로아티아에 의해 엄청난 수의 주민이 학살당했습니다. 나중에 설명할 보스니아 분쟁은 그 참혹함 때문에 여러 영화의 배경이 되었는데, 크로아티아와 유고슬라비아의 전쟁을 다룬 작품으로는 〈부코바르, 남겨진 편지들〉이 있습니다. 이 영화는 평범한 연인 사이였던 크로아티아인과 세르비아인이 전쟁에 휘말리는 모습을 그려 높은 평가를 받았습니다.

1991년 9월, 마케도니아도 유고슬라비아로부터 독립을 이뤄냈습니다. 이때 마케도니아는 유고슬라비아 군의 무기를 모두 반환하겠다는 약속을 전제로 전쟁을 피하고 평화롭게 독립할 수 있었습니다.

하지만 '마케도니아'라는 국명에 그리스가 반발했습니다. 그리스에도 마케도니아라는 지역이 있기 때문이었습니다. 오랜 협상 끝에 2019년, 마케도니아 공화국은 북마케도니아 공화국으로 국명을 변경하고 그리스와 합의를 이루었습니다.

보스니아 내전

유고슬라비아 해체 과정에서 끔찍한 학살이 일어난 곳이 바로 보스니아 헤르체고비나였습니다.

이 지역에는 모슬렘인(=보슈냐크인)이 약 40%, 세르비아인이 약 30%, 크로아티아인이 약 20% 살고 있었고, 거주지를 나눌 수 없을 정도로 뒤섞여 생활하고 있었습니다.

모슬렘인은 이름에서 알 수 있듯이 무슬림(이슬람교도)이지만, 사용 언어는 세르비아어였습니다. 세르비아어와 크로아티아어 또한 거의 차이가 없기 때문에, 이 세 집단간의 분쟁을 '형제 간의 살육'이라고도 부릅니다. 1992년 3월, 모슬렘인과 크로아티아인은 유고슬라비아로부터 보스니아 헤르체고비나 공화국으로 독립할 것을 선언하고, 이를 주민투표로 확정했습니다. 하지만, 잔류를 원하는 세르비아인들과 대립하며 내전이 시작되었습니다.

이 내전으로 널리 알려지게 된 것이 바로 '**민족 청소**ethnic cleansing'라는 섬뜩한 사건입니다. 서로 뒤섞여 살던 민족 집단을 폭력적으로 분리하는 과정에서 얼마나 참혹한 일이 벌어졌는지는 쉽게 상상할 수 있습니다.

이 보스니아 내전은 이웃 국가인 크로아티아와 유고슬라비아(사실상 세르비아)의 개입으로 장기화하였습니다. 특히 크로아티아의 국제 여론전이 성공하면서, 세르비아의 밀로셰비치는 국제적으로 '악당'의 이미지가 굳어지게 되었습니다.

결국 유엔의 승인을 받은 북대서양조약기구(NATO)가 세르비아 세력에 대한 공격을 감행하고, 1995년에 평화 협정이 체결되어 내전은 종료됩니다. 결국, 보스니아 헤르체고비나 공화국은 모슬렘인과 크로아티아인으로 구성된 보스니아 헤르체고비나 연방과, 세르비아인으로 구성된 스릅스카 공화국이 함께 구성하는 연합국가 형태로, 미묘한 균형을 유지하며 유럽연합(EU)과 NATO 가입을 모색하고 있습니다.

　이렇게 유고슬라비아를 구성하던 6개 공화국 중 4개가 독립하면서 세르비아와 몬테네그로만 남게 됩니다. 이에 1992년 세르비아 몬테네그로 공화국=유고슬라비아 연방 공화국으로 국명을 변경했습니다.

　일반적으로 이를 신유고슬라비아라고 불렀지만, 이 세르비아와 몬테네그로 역시 2006년에 별도의 국가로 분리하기로 결정하면서, 유고슬라비아라는 이름의 국가는 역사 속으로 사라지게 되었습니다.

코소보 분쟁

유고슬라비아가 해체되는 과정에서 발생한 분쟁으로 마지막으로 언급할 내용이 코소보 문제입니다. 유고슬라비아 해체의 신호탄을 쏘아 올린 코소보에서는 보스니아 분쟁을 능가할 정도로 참혹한 갈등이 벌어졌습니다.

코소보 지역에는 알바니아인들이 거주하고 있었습니다. 인접국의 알바니아인과 마찬가지로 이슬람교도가 대다수를 차지하고 있으며 코소보는 세르비아 공화국 내에서 자치주 지위를 갖고 있었습니다.

유고슬라비아가 건국된 제1차 세계대전 이후부터, 코소보에 거주하는 알바니아인과 세르비아인 간의 관계는 이미 원만하지 않았습니다. 티토가 사망한 후 '유고슬라비아에 제7공화국을' 주장하며 반란이 일어났고, 이 과정에서 코소보에 거주하는 세르비아인에 대한 폭력이 계속되었습니다. 그 결과, 이를 피해 코소보를 떠나는 세르비아인들도 점차 늘어나게 되었습니다.

1989년, 코소보 자치주를 보유한 세르비아에서 밀로셰비치가 권력을 장악하며 유고슬라비아 대통령 자리를 노리게 됩니다. 밀로셰비치가 세르비아 민족주의 사상을 내세우자, 위기감을 느낀 슬로베니아와 크로아티아가 유고슬라비아로부터 독립을 선언한 사실은 앞서 언급했습니다. 이와 마찬가지로 코소보에서도 독립을 향한 움직임이 점점 거세지기 시작합니다.

여기서 강조하고 싶은 점은 단순히 이슬람과 기독교, 즉 종교 간 대립으로만 보아서는 안 된다는 점입니다. 알바니아인들이 대부분 이슬람교도인 것은 사실이지만, 이슬람 정체성은 상대적으로 약했습니다. 인도와 파키스탄의 대립(제2장)에서도 언급했듯이, 보다 넓은 시각에서 바라 볼 필요가 있다는 점을 반복해서 강조하고 싶습니다.

1998년, 결국 독립을 추구하는 코소보와 이를 억압하려는 세르비아 사이에 전투가 시작됩니다. 이 과정에서 세르비아인들이 알바니아인들을 집단 학살(제노사이드genocide)하고 있다는 소식이 전해졌습니다(사실 알바니아인들도 세르비아인들을 학살한 사건이 있습니다.) 분쟁을 해결하기 위해 NATO가 개입했고, 1999년에 종결되었습니다.

이후, 알바니아인들에 대한 제노사이드의 주모자로 세르비아(신유고슬라비아) 대통령 밀로셰비치가 체포되어 반인도적 혐의로 국제형사재판소에 송환됩니다. 하지만 판결이 나오기도 전에 수감 중 병사하였습니다.

전쟁으로 혼란스러웠던 코소보는 2008년에 독립을 선언합니다. 많은 국가가 이를 인정했지만, 러시아와 중국은 인정하지 않았고, 코소보는 아직도 유엔에 가입하지 못하고 있습니다.

코소보 분쟁에서 유엔의 승인 없이 NATO가 개입한 사실은, 무력을 동반한 인도적 개입의 정당성 문제, 중국과 러시아를 배제한 일방적인 개입, 그로 인해 현재까지 이어지는 미국과 중국, 러시아 간의 대립 등 겉으로 드러나지 않는 중요한 쟁점들이 여럿 담겨 있습니다.

여담으로, 코소보 분쟁을 다룬 영화 중에 세르비아와 이를 지원한 러시아가 합작으로 만든 〈발칸라인〉이라는 액션 영화가 있습니다. 이 영화는 러시아 영화답게 세르비아인보다 코소보의 알바니아인들이 악역으로 등장합니다. 전쟁에서 복수가 반복되다 보면 누가 진짜 악당인지 구분하기 어려워진다는 점을 보여주는 영화라고 할 수 있습니다.

코소보 분쟁으로 생각지도 못한 불이익을 입은 곳은 (북)마케도니아 공화국입니다. 1991년 9월에 독립한 마케도니아는 국명을 둘러싸고 그리스와 갈등을 빚긴 했지만 전쟁까지는 이어지지 않았고, 국내 상황은 비교적 안정적인 상태로 유지하고 있었습니다. 하지만 코소보 분쟁으로 약 25만 명에 달하는 코소보 난민(알바니아인)이 마케도니아로 몰려왔습니다.

마케도니아 인구 약 200만 명 중 50만 명이 알바니아인이었는데, 난민 유입으로 알바니아 인구가 늘어났고, 2001년에는 마케도니아 내 알바니아인의 정치단체가 무장봉기를 일으켜 마케도니아에서 분쟁이 발생했습니다(마케도니아 분쟁).

코소보 분쟁과 마찬가지로 NATO의 개입으로 (북)마케도니아 공화국의 치안은 안정을 되찾았고, EU에는 가입하지 못했지만 2020년에 NATO에 가입했습니다.

한 지역에 같은 종교와 언어를 공유하는 집단만 거주하는 건 아닙니다. 오히려 정렬되지 않은 루빅스 큐브와 같은 상태가 본래 자연스러운 모습입니다. 큐브의 모든 면을 같은색으로 맞추는 일이 쉽지 않듯 동질성을 강조하는 국민국가를 만드는 것은 매우 어려운 일입니다. 매뉴얼 없이 루빅스 큐브를 완벽하게 맞추는 것이 무리에 가까운 것처럼, 단일 민족 단일 국가라는 것은 어디까지나 이념일 뿐이며, 이를 실체화하려고 하면 많은 갈등이 발생하게 됩니다.

유고슬라비아 분쟁 자체는 이제 과거의 일이 되었지만, 노골적인 내셔널리즘이 얼마나 큰 재앙을 초래할 수 있는지를 보여주는 대표적인 사례로 여전히 우리가 배워야 할 가치가 있는 역사적 사건입니다.

체코슬로바키아의 연방 해체

오스트리아-헝가리 이중제국이 제1차 세계대전으로 해체되면서 성립된 국가가 체코슬로바키아 공화국입니다.

유고슬라비아만큼은 아니지만 체코슬로바키아 역시 다민족 국가입니다. 체코인과 슬로바키아인 외에도 앞서 언급한 마자르인들이 살고 있었으며, 수데텐 지역에는 약 300만 명에 달하는 게르만인(독일인)이 거주하며 당시 체코슬로바키아 인구의 20% 이상을 차지하고 있었습니다. 이 수데텐 지역에 독일인이 거주하고 있다는 사실이, 훗날 나치 독일이 체코슬로바키아를 침공하는 명분이 되었습니다.

제2차 세계대전 후, 수데텐 지역의 독일인들은 강제로 추방되었습니다. 체코슬로바키아는 이를 '이송'이라고 불렀습니다. 수데텐에서 쫓겨난 독일인들은 땅도 재산도 모두 잃었고, 이 문제로

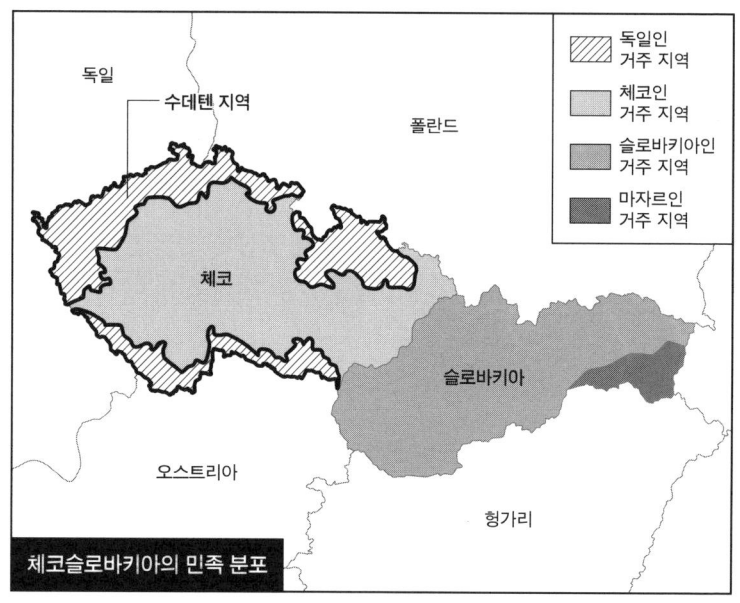

체코슬로바키아의 민족 분포

인한 갈등은 오랫동안 지속되었습니다. 하지만 1996년에 독일-체코 화해 선언이 발표되면서 이 문제는 일단락되었습니다.

1990년, 체코슬로바키아는 공식 국명을 체코슬로바키아 연방공화국으로 변경합니다. 이는 슬로바키아인들의 '지위를 높여 달라'는 요구를 수용한 결과였습니다. 체코인 거주지가 인구에서나 경제적으로나 나라의 중심이었기 때문에(수도 프라하도 체코인 지역) 슬로바키아인은 이에 불만을 품고 있었습니다.

국가의 정식 명칭을 '체코슬로바키아 연방공화국'으로 할지, 아니면 '체코-슬로바키아 연방공화국'으로 할지에 대한 논쟁도 벌어졌습니다(하이픈 논쟁). 결국 1993년 연방은 해체되고, 체코와 슬로바키아라는 두 국가로 분리되었습니다.

이 과정은 대규모 유혈사태를 수반하지 않았기 때문에 언론에서는 이를 '벨벳 이혼'(벨벳은 부드럽고 광택이 나는 직물)이라고 불렀습니다. 분리 후에는 두 나라 모두 EU에 가입하며 문화적 교류도 활발히 이어갔습니다. 분리 독립 과정에서 큰 분쟁이 없었던 드문 사례로 평가되고 있습니다.

유고슬라비아와 체코슬로바키아 모두 민족 자결주의에 따라 국경선을 설정했음에도 불구하고 문제가 발생한 이유는, 영국과 프랑스와 같은 강대국들의 이해관계도 큰 영향을 미쳤지만, 무엇보다 민족 분포가 복잡했던 점이 주요 원인이라고 생각합니다. 그러나 가장 중요한 점은 '민족이란 무엇인가'에 대한 명확한 개념이 부족한 상태에서, 비슷하다는 이유만으로 하나의 국가로 통합해도 문제없다고 여기며 자의적인 방식으로 국경선을 설정했던 안일한 판단이 결국 후세에 문제를 남긴 사례라고 할 수 있습니다.

소비에트 제국의 붕괴

1991년까지 소비에트 사회주의 공화국 연방이라는 국가가 존재했었습니다. 이 국가에 대해 잘 모를 수도 있는 독자들을 위해 간단히 설명하겠습니다.

러시아 제국, 즉 로마노프 왕조가 1917년 3월에 붕괴됩니다. 이것이 러시아 혁명입니다. 이 혁명의 배경에는 제1차 세계대전에

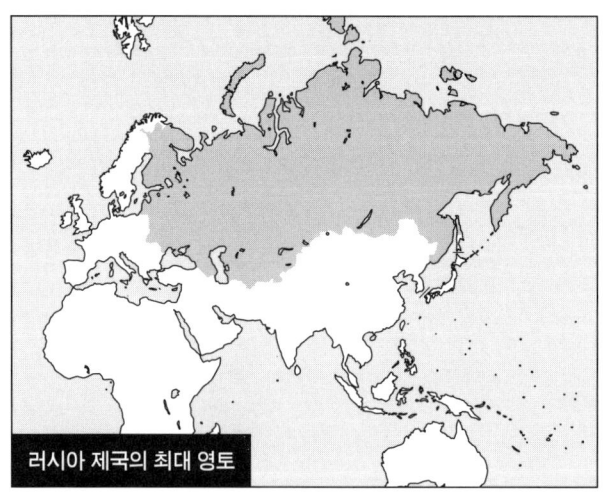

러시아 제국의 최대 영토

서의 패배와 함께 식량난이 있었습니다.

　이후 러시아 내 여러 세력이 새로운 정권의 자리를 놓고 치열한 경쟁을 벌였고, 결국 볼셰비키라는 그룹이 정권을 장악하게 됩니다. 볼셰비키는 이후 러시아 공산당으로 이름을 변경합니다.

　러시아 제국으로 돌아가 보겠습니다. 러시아 제국은 언어와 종교, 생활 습관 등이 다른 다양한 집단이 거주하고 있었습니다. 즉, 다민족 국가＝제국이었습니다. 러시아 혁명의 혼란을 틈타 이 제국 내 여러 지역에서 독립을 향한 움직임이 강하게 일기 시작했습니다.

　하지만 독립을 이룬 곳은 극히 일부에 불과했습니다. 독립은 했지만 제2차 세계대전까지 소련에 편입되었던 발트 3국과 같은 지역도 있었습니다. 결국 러시아 제국은 소비에트 연방이라는 형태로 제국의 틀을 유지했다고 볼 수 있습니다.

소비에트 연방의 결성

　소비에트 사회주의 공화국 연방은 매우 복잡한 구조로 이루어져 있습니다.

　소비에트 사회주의 공화국 연방이라는 주권 국가가 존재하고, 그 안에 15개의 공화국이 있습니다.

　하지만, 공화국에는 주권이 없습니다. 그래서 공화국이라는 이름은 달고 있지만 주권이 없으므로 미국의 주와 같은 개념이라고

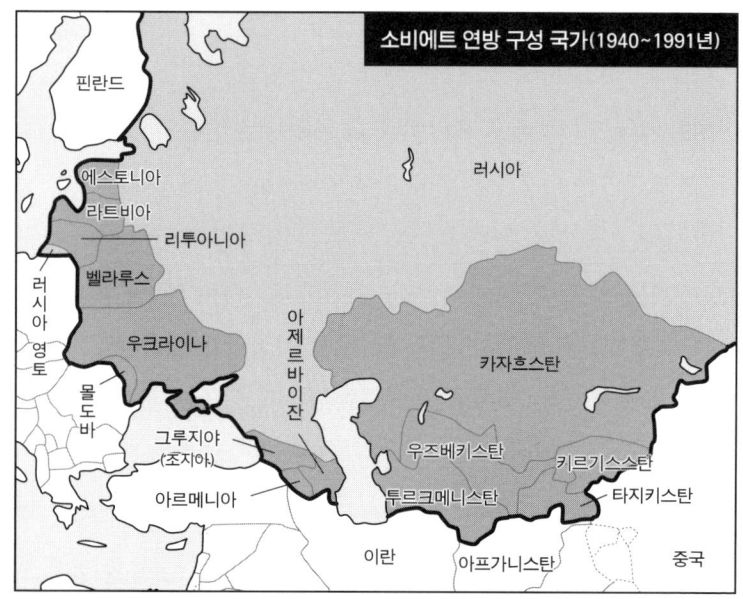

생각하시면 됩니다.

15개 공화국 중 가장 넓은 면적을 자랑하는 동시에 소비에트 연방의 중심이 되는 곳이 러시아 소비에트 공화국입니다.

러시아 소비에트 공화국은 더욱 복잡한 구조로, 내부에는 자치 소비에트 사회주의 공화국과 자치주, 자치관구가 존재했습니다.

이러한 발상은 당시에는 상식적인 것이었습니다. 제1차 세계대전 후 파리강화회의에서 패전국 독일의 식민지와 오스만 제국의 영토가 승전국들에 의해 분할될 때, 단순히 식민지의 종주국이 바뀌는 것이 아니라 민족자결 원칙을 전제로 이루어졌습니다. 이 과정에서 식민지였던 지역이 독립할 때까지 일정 기간 관리하기로 하는데, 이를 **위임통치령**이라고 불렀습니다.

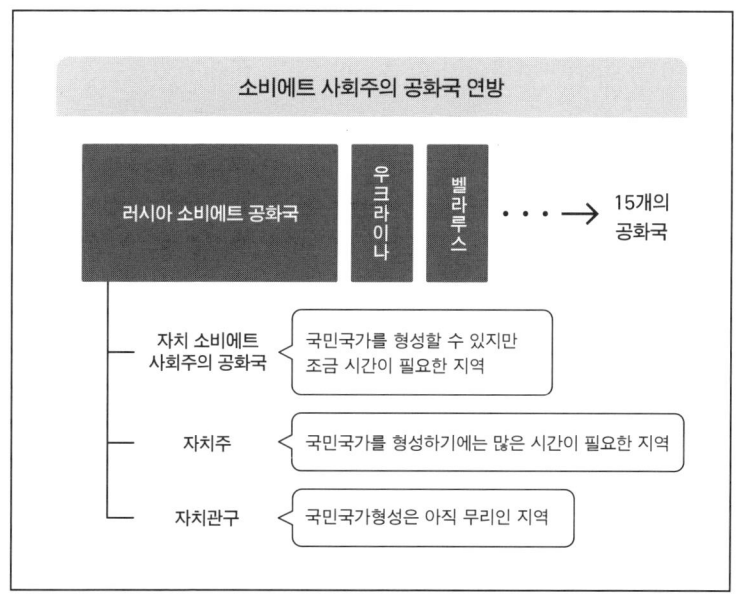

위임통치령은 A, B, C, 3등급으로 나뉘었습니다. A는 국민국가를 형성할 수 있지만 약간의 시간이 필요한 지역, B는 국민국가를 형성하기에는 조금 더 많은 시간이 필요한 지역, C는 국민국가 형성은 아직 이른 지역, 이렇게 분류하였습니다. 이러한 분류 방식은 소비에트 연방 내의 자치 소비에트 사회주의공화국, 자치주, 자치관구와 유사합니다.

이러한 접근 방식은 19세기 동안 유럽에서 형성된 개념에 뿌리를 두고 있습니다. 철학자 헤겔Hegel의 사고라고 해도 무방할 것 같습니다. 어떤 의미인지 설명해 보겠습니다.

국민국가의 기본은 자국의 문제는 자국이 스스로 결정하는 것 (자결=자치)인데, 이는 생각보다 어려운 일입니다. 예를 들어 초

등학생에게 '학급의 모든 일을 같은 반 친구들끼리 결정해'라고 한다면 능숙하게 진행되지 않을 것입니다. 마찬가지로 모든 인간 집단이 국민국가를 형성할 수 있는 것은 아니라는 것입니다.

학급에 관한 일을 모두가 논의할 때, 고등학생 정도라면 비교적 능숙하게 결정을 내릴 수 있을 것입니다. 이렇게 자치自治 정신이 갖춰진 인간 집단이 바로 '민족'입니다. 민족의식이 깨어 있지 않은 인간 집단은 국민국가를 만들 수 있는 능력이 없습니다.

이러한 사고방식은 유럽 중심의 **인종주의(식민지 지배의 정당화)** 와 맞닿아 있습니다. '국민국가를 만드는 것은 행복한 일이다. 따라서 국민국가를 만들 수 있도록 교육(식민지 지배)해 주겠다'는 논리입니다. 하지만 국민국가를 만들기에 적합하지 않다는 결정을 내릴 자격이 대체 누구에게 있는지, 오히려 묻고 싶습니다.

소비에트 연방의 해체

헤겔의 사상을 계승하면서도, 국민국가 건설이 과연 행복으로 이어질 수 있는지에 대한 의문을 제기한 인물이 바로 마르크스 Marx입니다.

국민국가 건설과 자본주의는 자동차의 양쪽 바퀴와 같습니다. 자본주의가 빈부격차를 비롯한 사회적 모순을 심화시킨다면 자본주의를 극복해야 하지만, 이를 위해서는 자본주의를 지탱하고 있는 국민국가를 어떤 방식으로든 변화시켜야 한다는 것이 마르크스 논리입니다.

그러기 위해서 각 국민국가는 내셔널리즘이라는 이기적인 태도를 넘어서 서로 연대한다, 이것이 바로 사회주의라고 하는 사상입니다. 다만, 국민국가를 건설할 수 없는 곳에서 국민국가를 초월하는 연대를 만들 수는 없습니다. 이 말은 결국, 앞서 언급한 것처럼 인종주의적 사고에서 벗어나지 못하면 제대로 된 연대는 이루어지지 않는다는 의미입니다.

이러한 사회주의 이념에 따라 세워진 것이 소비에트 사회주의 공화국 연방입니다. 즉, 소비에트 연방은 전 세계 국민국가와 연대하는 하나의 거대한 국가를 지향했지만, 다른 시각에서 보면 이는 세계 정복을 노리는 러시아의 전략으로 해석될 수 있습니다.

하지만 소비에트 연방에 참여하는 국민국가는 늘어나지 않았고, 외부에서 보면 소비에트 연방은 하나의 국민국가로 자리 잡게 되었습니다.

소비에트 연방은 약 70년간 지속되었으나, 결국 1991년에 해체되었습니다. 소비에트 연방을 구성했던 각 공화국은 사회주의라는 하나의 이데올로기로 결속되어 있었으나, 이 사회주의 이데올로기를 포기하는 흐름이 1985년 고르바초프가 지도자가 되면서 본격화했습니다. 사실상 소비에트 연방의 해체는 필연적인 사건이었다고 할 수 있습니다.

해체 이후, 소비에트 연방 내 15개 공화국은 각각 독립된 주권 국가로서 유엔에 가입하게 됩니다. 사회주의 이념 또한 국가 운영 정책에서 제외되고 러시아 소비에트 공화국이었던 국명이 러

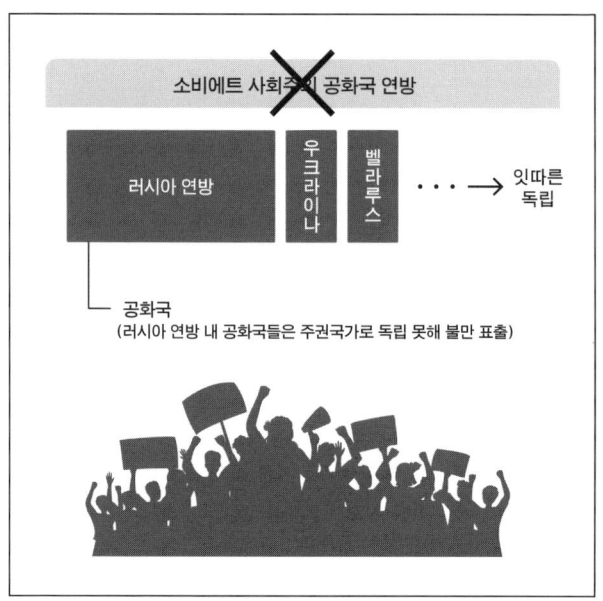

시아 연방으로 바뀌면서 사회주의나 소비에트라는 이름은 사라졌습니다.

당시 러시아 소비에트 공화국 내 자치 소비에트 사회주의 공화국은 러시아 연방 내의 공화국으로 격상되고, 자치주와 자치관구도 공화국으로 승격되었지만, 이들 공화국은 여전히 주권을 가지지 못했습니다. 이 부분이 다소 혼란스러운 점인데, 즉, 소비에트 연방은 해체되었지만 러시아 연방은 해체되지 않았다고 할 수 있습니다.

코카서스 분쟁

소비에트 사회주의 공화국 연방의 해체는, 옛 소련 연방 각지에서 다양한 분쟁을 촉발시켰습니다. 그중에서도 특히 분쟁이 빈번하게 발생하는 지역이 코카서스입니다.

코카서스 지역은 흑해와 카스피해 사이에 위치한 코카서스 산맥을 중심으로 구분되며, 산맥 북쪽을 북코카서스, 산맥 남쪽을 남코카서스(자카프카스)라고 부릅니다. 먼저 남코카서스부터 설명하겠습니다.

자카프카스라는 명칭은 러시아 측에서 사용하는 용어이지만 최근에는 이 명칭을 사용하지 않고, 남코카서스라는 명칭을 더 많이 사용하고 있습니다. 남코카서스에는 현재 아르메니아, 조지아(그루지야), 아제르바이잔, 이렇게 세 나라가 있습니다. 이들 국가는 앞서 설명한 소비에트 연방 내의 15개 공화국중 일부였고, 소비에트 연방 해체 후 독립국가로 격상하게 되었습니다.

이 남북 코카서스를 둘러싼 이야기는 매우 복잡합니다. 학교 교육에서 거의 다루지 않고, 뉴스에도 좀처럼 등장하지 않아 무척 낯선 데다가, 종교 분포만 살펴보아도 상당히 복잡합니다. 여기에 언어의 차이까지 더해지면 지도조차 들여다보고 싶지 않을 정도로 혼란스러워집니다. 그래서 이 책에서도 이 부분에 대해서는 언급하지 않으려 합니다.

하지만 이러한 복잡성이야말로 '자연스러운' 모습입니다. 앞서 언급했듯이 제각각인 루빅스 큐브의 면을 맞추려는 시도가 갈등

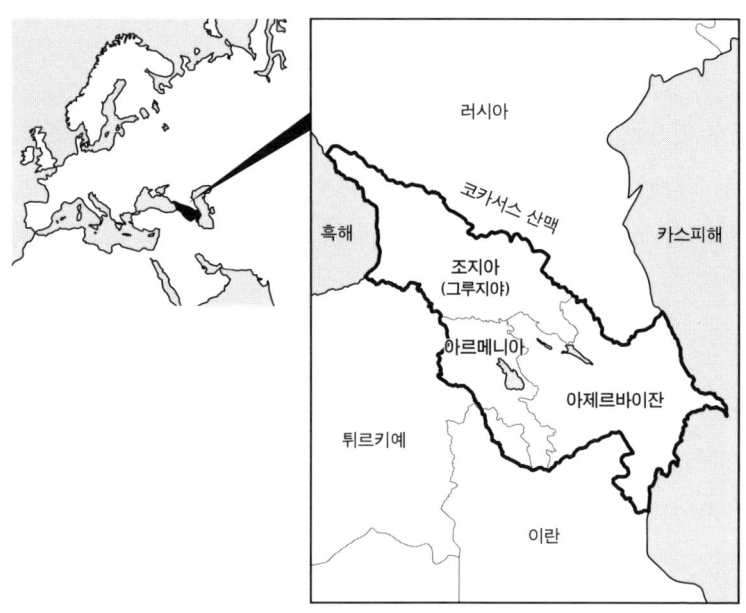

을 불러온다는 사실을 기억해 주시기 바랍니다.

국경선으로 나뉜 지도만 접하다 보면 이러한 복잡성을 놓치기 쉽기 때문에, 다양한 지도를 접하는 것이 중요하다는 점을 다시 한 번 강조하고 싶습니다.

나고르노카라바흐 분쟁

아제르바이잔의 인구 대다수는 시아파 무슬림으로 구성되어 있으며, 수니파 무슬림은 소수에 해당합니다.

아제르바이잔이 직면한 분쟁 중에서 가장 중요한 문제는 나고

르노카라바흐 문제입니다. 나고르노카라바흐 지역은 아르메니아인(기독교인)이 다수를 이루고 있으며, 이웃 국가인 아르메니아의 지원을 받으며 독립을 추구하는 움직임을 보여 왔습니다.

나고르노카라바흐는 수십 년 동안 아르차흐 공화국이라는 이름으로 아제르바이잔의 지배를 받지 않았으나, 2023년에 아제르바이잔이 군사력을 동원해 해당 지역을 제압하면서 나고르노카라바흐 문제는 종결되었다고 선언했습니다.

그러나 이곳에 거주하는 아르메니아인들은 아제르바이잔의 지배를 거부하며 이 지역을 떠나려 하고 있습니다. 아르메니아 정부가 이들을 받아들일 가능성은 있지만, 당분간은 난민으로 취급될 가능성이 큽니다. 이러한 주민들의 강제 이주는 간단히 해결될 문제가 아니며, 아르메니아와 아제르바이잔 간의 대립 역시 여전히 지속되고 있습니다.

또한, 아제르바이잔은 일부 국토가 본토와 떨어진 나히체반 지역으로 분리되어, 그 사이에 아르메니아 영토가 끼어 있습니다. 이러한 지리적 단절은 파키스탄의 사례처럼 분리독립 가능성을 높이는 요인이 될 수 있으며, 새로운 갈등의 불씨로 작용할 여지가 있습니다.

친러시아 성향의 아르메니아

아르메니아는 뒤에서 설명할 조지아와 앞서 설명한 아제르바이잔과는 달리, 친러시아적 성향이 특징입니다. 그 이유는 나고르노카라바흐 분쟁에서 러시아의 지원을 받았기 때문입니다.

러시아는 남코카서스에 영향력을 행사하려는 전략의 일환으로

아르메니아를 지원했고, 자원이 부족한 아르메니아는 러시아의 경제적 원조 없이는 국가를 유지하기 어려운 상황이었습니다. 게다가 이웃 나라인 튀르키예와의 **아르메니아인 학살 문제**(160쪽에서 설명)도 아르메니아가 러시아에 의존하게 된 또 다른 이유로 작용했습니다.

하지만 2018년에 출범한 파시냔Pashinyan 정권은 친서방 노선으로 선회하며, EU와 NATO 가입을 검토하기 시작했습니다. 아제르바이잔과의 대립도 여전히 계속되고 있어 향후 정세 변화에 주목할 필요가 있습니다. 코카서스를 둘러싼 정세는 단순히 '적의 적은 아군'이라는 논리만으로는 설명할 수 없는, 복잡하면서도 흥미로운 측면을 가지고 있습니다.

또한, 아르메니아와 튀르키예 간의 대립은 아르메니아와 튀르키예 국경 근처에 있는 아라라트산(구약성서에 나오는 노아의 방주가 떠내려온 장소)을 둘러싼 영유권 문제와도 연관이 있습니다. 아르메니아는 아라라트산이 튀르키예 영토에 속해 있는 것을 인정하지 않고 있습니다. 이는 동남아시아의 태국과 캄보디아 간의 분쟁과 비슷한 성격을 띠고 있습니다.

오랜 역사를 지닌 아르메니아는 세계 최초로 기독교를 국교로 채택한 국가로 널리 알려져 있습니다. 이는 로마제국이 기독교를 인정하기 이전의 일로, 동양에서는 다소 생소할 수 있지만 유럽과 미국에서의 아르메니아 인지도는 매우 높습니다.

조지아-러시아 간의 군사 충돌

아제르바이잔, 아르메니아와 마찬가지로 소비에트 연방의 공화국이었던 조지아는 1991년에 정식으로 독립했습니다.

조지아는 영토는 작지만 다양한 민족이 공존하는 다민족 국가로, 인구의 대부분은 조지아 정교회(기독교)를 믿습니다. 그러나 마르네울리 지역에는 이슬람의 수니파가 다수 거주하고 있어, 아제르바이잔에 귀속되기를 바라는 사람들도 존재합니다. 한편, 단성론을 신봉하는 기독교인들이 많은 삼츠헤자바헤티 지역에는 아르메니아에 귀속되기를 희망하는 사람들이 적지 않습니다. 이렇게 두 지역은 각기 다른 문제를 안고 있습니다.

또한, 아자리야 지역은 이슬람을 신봉하는 인구가 많고, 압하지야 지역에는 압하스인들이 주를 이루며, 이들 지역은 조지아어와 다른 언어를 사용합니다. 압하지야는 조지아로부터 압하지야 공화국이라는 국명으로 독립을 선언했지만, 현재 러시아를 비롯한 5개국에서만 독립을 인정한 상태입니다.

이 지역의 가장 큰 분쟁 지역은 **남오세티야**입니다. 이곳에 사는 오세트인들은 문화적으로 러시아인에 가깝습니다. 1991년 소비에트 연방 해체 이후, 조지아가 남오세티야를 자국의 지배하에 두려고 하면서 문제가 발생하기 시작했습니다.

조지아의 지배에서 벗어나고 싶은 남오세티야는 강대국인 러시아의 지원을 받아 2008년 대규모 분쟁을 일으킵니다. 러시아와 조지아 중 어느 나라에 귀속할지를 두고 일어난 전쟁이 **러시아-**

조지아 전쟁입니다.

이 분쟁에서 조지아가 패배하여 남오세티야는 조지아 지배에서 벗어났지만, 남오세티야 내부에서는 독립국가를 만들 것인지 아니면 러시아와 합병(편입)할 것인지에 대한 대립이 여전히 존재하고 있어, 아직까지도 공식적인 결론을 내리지 못하고 있습니다.

조지아는 남오세티야 문제에 개입한 러시아에 대해 우호적이지 않으며, 현재도 반러시아적인 태도를 유지하고 있습니다. 이러한 이유로 국명도 러시아어로 읽는 그루지야에서 영어로 읽는 조지아로 바꿨습니다.

러시아-조지아 전쟁을 소재로 한 영화 〈텐저린즈: 누구를 위한 전쟁인가〉와 〈옥수수 섬〉은 전쟁의 허무함을 그린 작품입니다. 또한 전쟁과 미디어라는 관점에서 그려진 〈5 데이즈 오브 워〉는 미국 영화답게 스케일이 큰 작품입니다.

체첸 분쟁

남코카서스 지역의 조지아, 아제르바이잔, 아르메니아는 소비에트 연방 해체 이후 국제사회에서 주권국가로 인정받았지만, 북코카서스 지역은 자치 소비에트 공화국이었기 때문에, 지위가 격상되었더라도 러시아 연방 내의 공화국으로 남게 되었습니다.

그러나 '두 단계 승격을 통해 정식 독립국가(=주권국가)가 되고자 한다'는 주장을 내세우며 분쟁이 발생한 지역이 바로 체첸입니다. 체첸이라는 이름은 아마 한 번쯤 들어본 적이 있을 것입니다.

체첸인은 대다수가 이슬람을 믿으며, 19세기 러시아 제국의 지배에 격렬하게 저항했던 역사를 가지고 있습니다. 소비에트 연방이 해체될 무렵부터 독립운동은 더욱 활발해졌고, 이를 진압하기 위해 러시아의 옐친 정권은 대규모로 군을 투입했습니다(제1차 체첸 전쟁).

1994년부터 1996년까지 이어진 이 전쟁에서 러시아는 체첸인들에 대한 학살을 자행했습니다. 푸틴 정권의 평판이 워낙 좋지 않기 때문인지 전임자였던 옐친에 대한 비판적인 여론은 상대적으로 적지만, 체첸 학살은 옐친 정권 시절에 벌어진 사건이었습니다.

1999년 모스크바와 몇몇 도시의 아파트에서 300명 가까운 러시아인들이 목숨을 잃는 폭파 사건이 발생했습니다. 이 폭파 사건 직전에 옐친 대통령은 푸틴을 총리로 전격 발탁했습니다. 푸틴은 이 폭파 사건을 체첸인들의 테러로 간주하고, 체첸에 대한 침공을 명령했습니다. 이것이 제2차 체첸 전쟁입니다.

전쟁은 러시아의 승리로 마무리되며 체첸인들의 조직적인 저항은 사라졌지만, 저항 운동을 우려한 러시아는 인권을 무시한 채 현재까지 체첸을 지배하고 있습니다.

러시아의 우크라이나 침공

소비에트 연방 해체에 따른 분쟁 중, 2022년부터 계속되고 있는 러시아와 우크라이나의 전쟁을 언급하지 않을 수 없습니다.

우크라이나 전쟁이 시작된 이후, 관련 책들이 많이 출판되었기에 여기서는 기본적으로 알아두어야 할 최소한의 내용만 살펴보겠습니다.

우크라이나는 소비에트 연방을 구성하는 공화국 중 하나였으나, 1991년 소비에트 연방이 해체되면서 독립하게 되었습니다. 소비에트 연방 시절의 우크라이나 공화국 행정구역이 그대로 국경이 되었습니다.

신흥 독립국가를 만드는 일은 결코 쉬운 일이 아닙니다. 튀르키예와 아르메니아, 캄보디아와 태국의 사례에서 보았듯이 국가의 상징을 둘러싼 갈등이나 언어 문제뿐만 아니라, 통화를 어떻게 할 것인가 등 여러 가지 문제들이 복잡하게 얽혀 있습니다.

키이우(러시아어로 키예프)는 우크라이나의 수도일 뿐만 아니라, 러시아 국가의 기원과도 관련이 있는 장소입니다. 러시아가 우크라이나를 자기 나라의 일부라고 주장하는 이유는, 소련이라는 주권국가가 해체되면서 러시아와 우크라이나로 분리되었기 때문에 생겨난 갈등이라고 할 수 있습니다.

1991년에 독립한 우크라이나의 초대 대통령은 크라우추크, 2대 대통령이 쿠치마입니다. 그리고 2004년 대통령 선거는 상당한 논란을 일으켰습니다.

　러시아의 지지를 받은 야누코비치가 승리했지만, 민중들의 항의 시위로 선거가 다시 실시되었고, 친서방파인 유셴코가 3대 대통령으로 취임하게 됩니다(오렌지 혁명). 유셴코는 대통령 선거 유세 도중 혈액에서 다이옥신이 검출되었는데, 러시아 측에서 독극물 중독을 주도했다는 의혹이 퍼지면서 동정표를 받은 것이 승리에 결정적 역할을 했습니다.

　그러나 유셴코 정권은 내부 갈등으로 민중의 지지를 잃었고, 2010년 치러진 대통령 선거에서 패배합니다. 4대 대통령이 된 인물은 오렌지 혁명으로 대통령이 되지 못한 친러파 야누코비치였습니다.

　야누코비치는 의회가 추진하려던 EU와의 무역협정 체결을 거부하면서 2014년에 정권에 반대하는 민중 시위(유로마이단 혁명)가 가 일어납니다. 결국 야누코비치는 러시아로 망명하고, 5대 대통령으로 포로셴코가 취임합니다.

유로마이단 혁명이 한창일 때, 러시아는 크림반도를 합병합니다. 주민투표가 실시되어 겉으로는 민주적으로 보일 수 있어도, 러시아의 군사적 개입은 부정할 수 없는 사실입니다. 대규모 유혈사태가 없었으니 아무런 문제가 안 된다고 한다면, 과거 일본이 일으킨 만주사변도 문제가 없다고 해야 할 것입니다.

러시아가 유로마이단 혁명의 혼란을 틈타 크림반도를 합병한 직후, 우크라이나 동부의 돈바스 지역에서 문제가 발생합니다. 이 지역은 러시아어를 사용하는 사람들이 많은 곳으로, 우크라이나로부터 분리독립을 원하던 세력이 무장봉기를 일으켜 우크라이나 정부와 내전을 벌입니다.

돈바스의 분리독립 세력을 지원하던 곳이 러시아였습니다. 민스크 협정이라 불리는 두 차례의 휴전 협상에도 불구하고 분쟁이 끝나지 않은 채 2022년을 맞이합니다.

크림반도와 돈바스 지역을 둘러싼 러시아의 행동은, 나치 독일이 체코슬로바키아의 수데텐 지역을 독일어 사용자가 많다는 이유로 자기네 영토라고 주장한 일이나, 과거 일본이 중국 대륙에 있는 일본인을 보호한다는 명분으로 중국에 군대를 보냈던 일과 전혀 다르지 않습니다.

국경선은 어떠한 방식으로 설정해도 갈등의 여지가 남습니다. 그래서 무력을 통해 국경선을 변경하려는 시도는 근본적으로 어리석은 일입니다. 러시아(푸틴)가 어떤 명분을 내세우든, 이는 결코 정당화할 수 없다고 생각합니다.

2019년, 젤렌스키Zelensky가 우크라이나 제6대 대통령으로 선출되었지만, 부정부패와 돈바스 지역에서 계속되는 분쟁에 제대로 대처하지 못하면서 그의 지지율은 낮은 상태였습니다. 이런 상황이 직접적인 원인인지는 명확하지 않지만, 2022년 푸틴의 러시아가 우크라이나를 침공하였습니다.

우크라이나와 러시아의 전쟁은 이 책을 쓰고 있는 시점인 2024년 6월 현재도 진행 중입니다. 3년 넘게 전쟁이 이어지면서 뉴스에서 다루는 빈도는 줄었지만, 우리는 여전히 이 상황을 주의 깊게 지켜봐야 합니다.

한 가지 더 언급하고자 합니다. 러시아의 우크라이나 침공과 관련하여 러시아의 프로파간다 중에는 다음과 같은 주장이 있습니다.

동서독 통일 직전인 1990년 2월, 미국의 베이커 국무장관과 소련의 고르바초프 대통령이 회담을 가졌습니다. 그 자리에서 미국은 NATO가 동방 확장을 하지 않겠다고 약속했지만 이를 어겼다는 것입니다.

이것은 너무나 터무니없는 이야기입니다. 1990년 당시에는 아직 소련이 해체되지도 않았던 시기입니다. 소련과 동유럽 국가들로 구성된 군사 동맹인 바르샤바조약기구도 존재하고 있었습니다. 따라서 NATO의 동방 확장이라는 이야기는 동독 지역에 한정된 것으로 이해하는 것이 상식적입니다.

동독을 넘어 NATO가 확장한다는 것은 사실상 소련 영토 내에 미군을 배치하겠다는 의미와 같기 때문에, 당시 회담에서 그런 논의가 오갔을 리가 없습니다.

당사자인 고르바초프 자신도 회고록《선택 - 미하일 고르바초프 최후의 자서전》에서 명확히 언급했습니다. 참고로 현재까지 옛 동독 지역에는 NATO군이 주둔하고 있지 않습니다.

오스만 제국의 붕괴

다음은 중동 정세와 깊은 관련이 있는 오스만 제국 해체에 관한 이야기입니다. 13세기 말, 소아시아에 건국된 오스만 제국은 16세기에 영토 확장의 전성기를 맞이하였습니다.

그러나 19세기 들어 오스만 제국의 영토는 점차 축소되었고, 결정적으로 제1차 세계대전의 패배로 제국은 해체되었습니다.

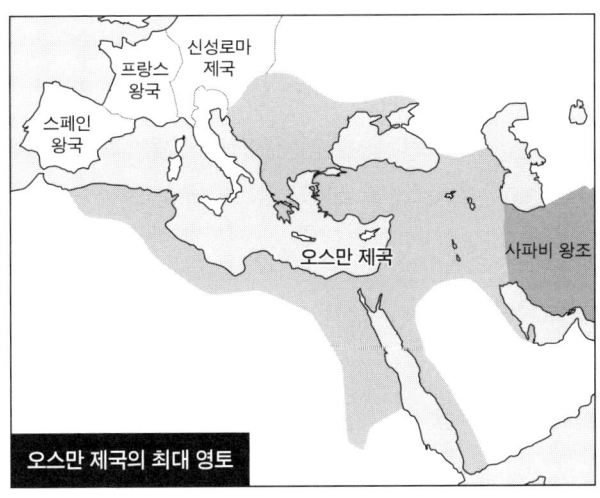

오스만 제국의 최대 영토

여기서는 오스만 제국의 해체 과정에서 비롯되어 현재까지 이어지고 있는 아르메니아인 문제, 쿠르드인 문제, 아랍 세계의 분열, 그리고 팔레스타인 문제에 대해 순서대로 살펴보겠습니다.

오스만 제국과 아르메니아인

앞서 소련의 해체 부분에서 언급했던 아르메니아와 관련된 내용의 연장이라고 생각하시면 됩니다.

먼저 아르메니아인에 대해 알아보겠습니다. 아르메니아에 대한 인지도는 매우 낮은 편입니다. 아는 사람도 많지 않고, 안다고 해도 기껏해야 소련 해체 후 성립된 아르메니아 공화국이라는 나라가 있다는 정도일 것입니다. 그래서 아르메니아인의 역사에 대해 간략하게 짚어보겠습니다.

아르메니아인은 카스피해와 흑해 사이에 있는 코카서스 지역에 정착해 왔습니다. 일찍이 왕국을 세우고, 로마제국이 기독교를 공식적으로 인정한 313년보다 훨씬 앞선 301년에 세계 최초로 기독교를 국교로 삼은 나라로, 기독교 문화권에서는 널리 알려진 나라입니다.

아르메니아 왕국은 11세기에 이슬람 왕조인 셀주크 왕조에 의해 멸망했지만, 이후 아르메니아인은 유럽에서 동남아시아에 이르는 광범위한 지역에서 상업 네트워크를 형성해 나갔습니다. 상업 분야에서 두드러진 활약을 하는 민족이라는 점에서 유대인과 어깨를 나란히 하는 존재로 평가받고 있습니다.

아르메니아인의 전성기는 16세기부터 18세기까지였습니다. 당시 유럽은 이란에서 대부분의 명주실을 수입했고 은을 수출했는데, 아르메니아인이 이러한 중개 거래를 주도했습니다.

인도의 무굴 제국도 상업 활동을 활성화하기 위해 아르메니아인을 초청했으며, 영국이 인도에서 면직물을 구매할 때도, 네덜란드가 동남아시아와 향약(향신료) 무역을 할 때도 아르메니아인이 중개 역할을 했습니다. 심지어 티베트에도 아르메니아인 커뮤니티가 있었다는 기록이 남아 있어 상당히 광범위한 지역에서 아르메니아인이 활동했음을 알 수 있습니다.

현재 아르메니아 공화국의 인구는 약 300만 명이지만, 해외에 거주하는 아르메니아인은 600만 명이 넘는 것으로 알려져 있습니다. 이러한 인구 분포는 아르메니아인의 역사적 배경과 관련이 있습니다. 미국, 프랑스, 캐나다에도 아르메니아인의 대규모 커뮤니티가 존재

하며, 이들 커뮤니티는 정치적으로도 영향력을 행사하고 있습니다.

157쪽 지도를 살펴보면, 아르메니아 공화국에는 아르메니아인이 다수 거주하고 있다는 것을 확인할 수 있습니다. 또한 인접국에도 아르메니아인이 거주하는 두 지역이 있습니다. 하나는 소련 해체 과정에서 언급한 나고르노카라바흐 지역이고, 다른 하나는 튀르키예 공화국의 아르메니아인 거주 구역입니다.

다음으로 오스만 제국이 해체되고 튀르키예 공화국이 성립되는 과정을 잠시 살펴보겠습니다.

제1차 세계대전에서 패배한 오스만 제국은 영국과 프랑스를 비롯한 연합국과 강화 조약을 체결하게 되는데, 이것이 바로 세브르 조약입니다. 이 조약으로 오스만 제국은 대폭 축소되었습니다.

그뿐 아니라, 국가 재정마저 영국과 프랑스의 통제 아래에 놓이면서 오스만 제국은 사실상 국가 기능을 상실하게 됩니다. 이러한 굴욕적인 조약을 맺은 오스만 제국의 술탄(황제)에 맞서 민중의 지지를 업고 등장한 인물이 케말 아타튀르크Kemal Atatürk입니다.

케말은 이스탄불의 술탄 정부에 대항해 앙카라에 정부를 수립하고, 연합국 및 그리스와 전투를 벌인 끝에 그들을 격퇴합니다. 이를 계기로 케말은 술탄을 추방하고 튀르키예 공화국 건설을 선언하며, 연합국과 맺은 세브르 조약을 대신해 로잔 조약을 새롭게 체결합니다. 지도를 보면 알 수 있듯, 현재의 튀르키예 공화국의 영토는 이 로잔 조약에서 결정된 것입니다.

이제 다시 아르메니아인 이야기로 돌아가 보겠습니다. 세브르 조약에서는 아르메니아인이 거주하던 지역을 오스만 제국에서 분

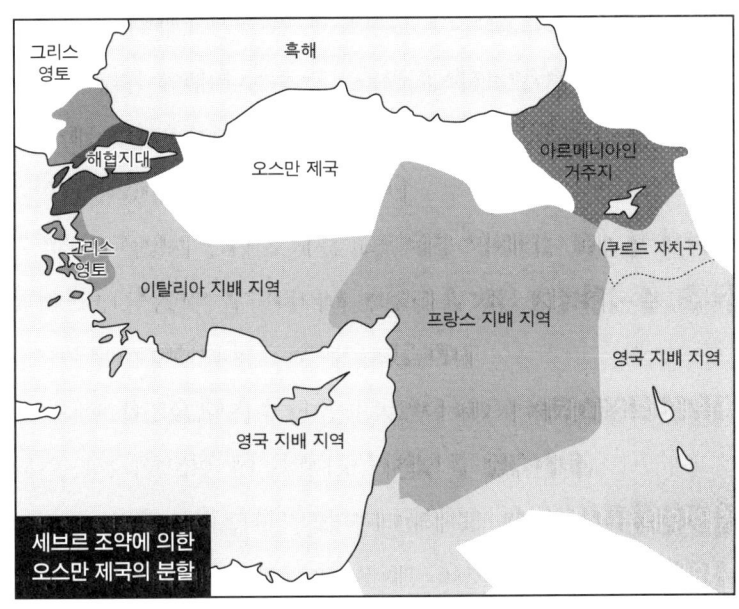

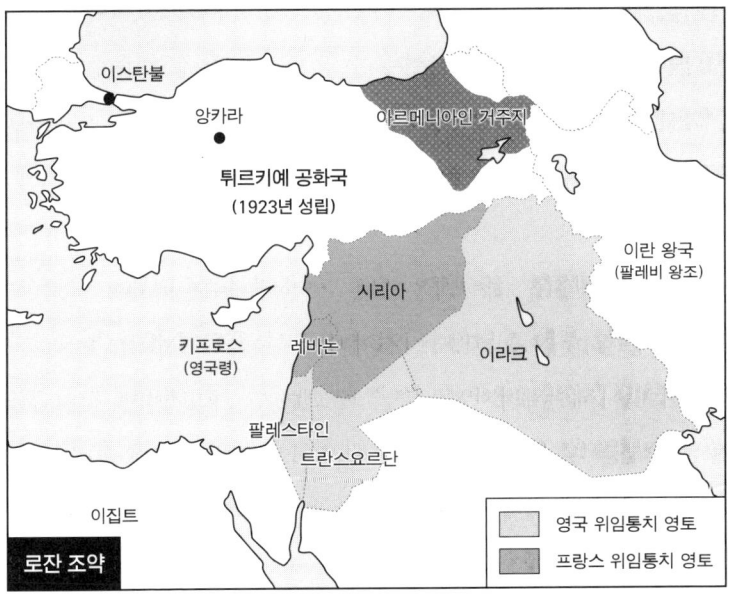

오스만 제국의 붕괴 159

리해 독립국가로 만들 계획이었지만, 로잔 조약에 의해 해당 지역은 튀르키예 공화국의 영토로 편입되고 말았습니다.

그뿐만이 아닙니다. **제1차 세계대전 중인 1915년에 오스만 제국이 아르메니아인에게 자행한 제노사이드**가 아르메니아인과 튀르키예인의 뿌리 깊은 대립의 원인이 되었습니다.

아르메니아인 학살에 대한 실태 규명은 현재까지도 계속되고 있으며, 이 사건은 튀르키예 공화국과 아르메니아인 간의 갈등을 넘어, 튀르키예 공화국과 서방 국가들 간의 분쟁으로 이어지고 있습니다. 이 학살 사건은 전 세계에 흩어져 사는 아르메니아인들의 공통된 기억으로 자리 잡고 있습니다.

그렇다면 아르메니아인 학살 사건이 벌어진 과정을 살펴보겠습니다.

19세기에 들어서면서 내셔널리즘이 오스만 제국 내에서도 확산되었습니다. 그 과정에서 **기독교를 믿는 소수파였던 아르메니아인은, 오스만 제국의 주류파인 이슬람 세력과 갈등이 심화되었습니다.** 결국 제1차 세계대전 중 아르메니아인에 대한 대량학살로 이어졌습니다.

전시 상황에서 아르메니아인과 같은 이질적인 집단은 적국의 내통자로 간주 되어 강제 이주를 강요당했고, 그 과정에서 학살이 자행되었습니다.

현재 튀르키예 공화국 정부는 "불행한 사건은 맞지만 제노사이드는 아니다"라는 입장을 고수하며 사망자도 30만 명 정도라고 주장하고 있습니다. 그러나 아르메니아인 측은 사망자가 150만 명에 달한다고 보고 있으며, 나아가 나치의 홀로코스트에 앞서 자행된 제노사이드라고 주장합니다.

튀르키예 공화국에서는 아르메니아인 학살에 대한 언급을 규제하고 있습니다. 심지어 튀르키예에서 최초로 노벨문학상을 수상한 오르한 파묵Orhan Pamuk조차도 이를 언급했다는 이유로 국가모욕죄로 기소되었습니다(이후 불기소 처분).

세계 각지에 흩어져 있는 아르메니아인은 자신들이 거주하는 나라의 정부에 아르메니아인 학살을 공식적으로 인정해줄 것을 촉구하고 있습니다. 이 문제에 중요한 전환점을 만든 사건이 2007년 미국 연방의회에서 아르메니아인 학살을 제노사이드로 인정하는 결의안이 발의된 것입니다.

이에 대해 튀르키예 공화국은 거부 성명을 발표하며, NATO 내부의 대립으로 이어졌습니다. 튀르키예의 EU 가입이 오랫동안 난관에 봉착한 이유 중 하나가 바로 이 아르메니아인 학살 문제입니다.

쿠르드인 문제

쿠르드인은 흔히 국가를 갖지 못한 최대의 민족이라고 불립니다. 쿠르드인의 거주지(쿠르디스탄)는 튀르키예, 이란, 이라크, 시리아에 걸쳐 분포해 있습니다. 오스만 제국이 강대했던 시절에는 쿠르드인 대부분이 오스만 제국의 지배하에 있었습니다. 제1차 세계대전에서 오스만 제국이 패배하고 세브르 조약이 체결될 당

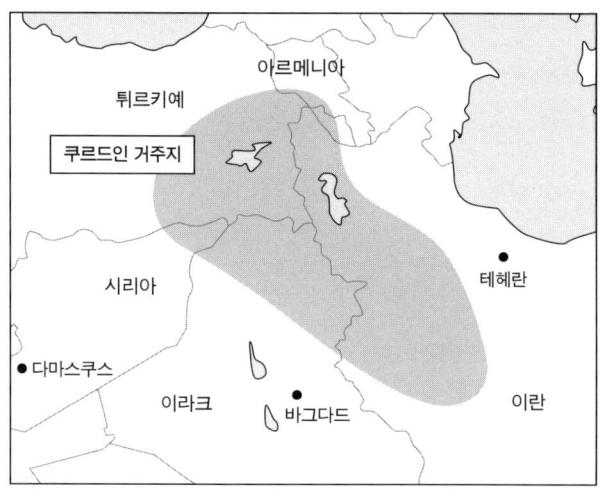

시, 일부이긴 하지만 쿠르드인은 독립을 인정받았습니다.

하지만 로잔 조약이 체결되면서 이 독립은 무효화되었습니다. 지도를 참고하면 알 수 있듯이 결국 쿠르드인은 4개의 나라로 분산되고 맙니다. 이들은 각각의 나라에서 제3 국가의 지원을 받으며 독립운동을 벌였지만 오히려 박해를 불렀고, 망명자를 양산하는 구조로 이어졌습니다.

특히 튀르키예에서의 쿠르드인 박해는 심각한 수준입니다. 튀르키예의 EU 가입에 걸림돌로 작용하고 있는 것이 아르메니아인 문제와 함께 이 쿠르드인 문제입니다.

2023년 이스라엘의 팔레스타인(가자지구) 공격에 대해 튀르키예 에르도안 대통령이 비난 성명을 발표하자, 이스라엘의 네타냐후 총리가 "쿠르드인을 학살한 사람이 도덕을 논할 자격이 있느냐"고 반발하면서 국제 문제로 떠오르게 되었습니다.

분단된 아랍 세계

 중동 지역을 크게 아랍, 이란, 튀르키예, 이렇게 세 세력으로 구분하기도 합니다. 이란은 이란인이 대부분 거주하는 지역, 튀르키예는 튀르키예인이 주로 사는 지역입니다. 그러나 **아랍인이 거주하는 지역은 하나의 통합된 국가로 형성되어 있지 않습니다.**

 여기서는 아랍 세계가 여러 나라로 분열하게 된 경위를 살펴보겠습니다.

 아라비아 반도의 대부분을 제외한 아랍인 거주지는 16세기 이후, 대부분 오스만 제국의 지배하에 있었습니다. 이 오스만 제국이 해체되는 과정의 역사를 확인해 봅시다.

 오스만 제국이 상실한 북아프리카의 영토는 각기 독립을 이루었지만, 하나로 통합된 독립국가로 형성되지는 않았습니다. 게다

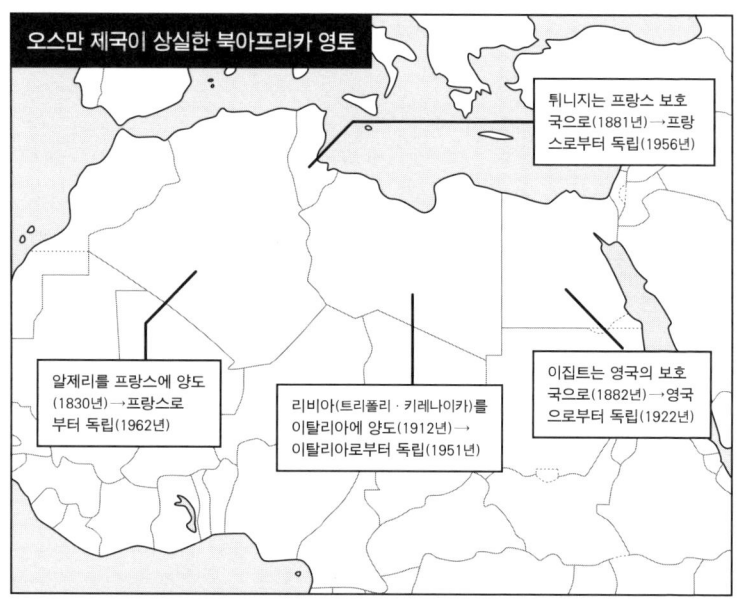

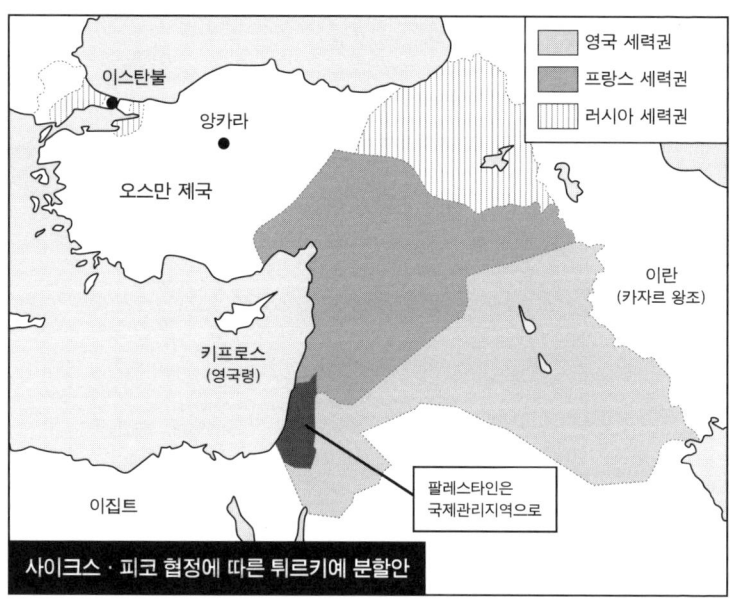

164　제국 해체의 여파

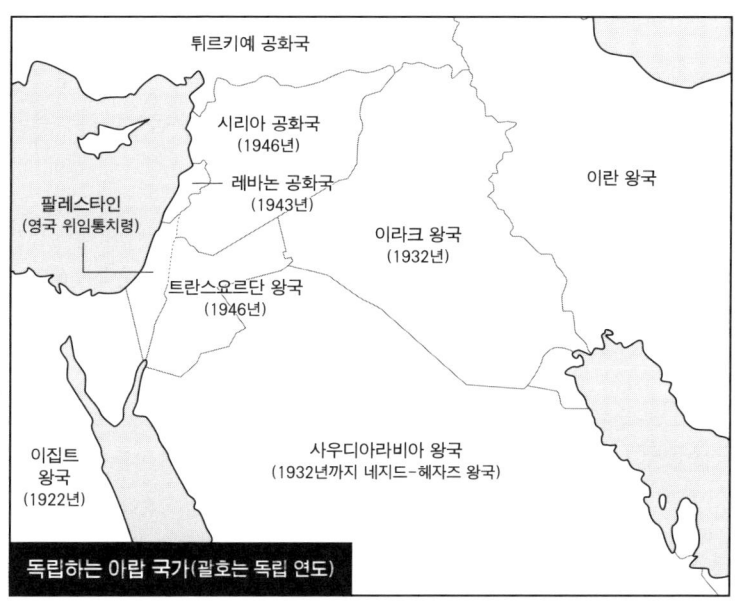

가 남은 지역조차 분할되고 갈라졌습니다.

  이러한 분할의 흐름은 제1차 세계대전 당시부터 시작되어, 1916년에 영국, 프랑스, 러시아가 밀약(사이크스·피코 협정)을 맺게됩니다.

  밀약의 내용은 전쟁이 끝나면 오스만 제국을 분할하자는 것이었습니다. 그러나 1917년 러시아 혁명이 일어나면서 러시아는 제1차 세계대전에서 발을 빼게 되었습니다. 그로 인해 러시아의 지분은 무효화되었지만, 영국과 프랑스의 지분은 그대로 유지되었습니다. 이 과정에서 체결된 것이 세브르 조약이고, 이를 수정한 것이 로잔 조약입니다.

  영국과 프랑스에 분할된 지역은 위임통치령이 되었습니다. 위임통치령은 독립을 전제로 한 통치였기 때문에(특히 A등급지역-국민국가를 형성할 수 있지만 약간의 시간이 필요한 지역) 제2차 세계대전 이후 독립이 이루어지기는 했으나, 하나의 통합된 국가가 아닌 각기 다른 행정구역으로 분리된 독립이었습니다.

이로 인해 '아랍의 통일'을 주장하는 세력이 등장하게 됩니다. 물론 제국주의 세력(유럽 세력)에 의해 분할된 아랍 세계를 통일하는 것은 제국주의의 유산을 바로잡으려는 시도일 수 있겠으나, 한편으로는 주변 국가들에 대한 침략으로 해석될 수 있습니다.

민족자결이라는 정의를 실현하기 위해 침략이라는 불의를 용인할 수 있는가라는 의문이 제기됩니다. 예를 들어, 1950년대부터 1960년대까지 이집트 대통령이었던 나세르가 일시적이지만 시리아와 연합국가를 만든 일이나, 1980년대부터 1990년대까지 이라크 대통령이었던 사담 후세인이 쿠웨이트를 침공한 일 등이 그 대표적인

예입니다. 2014년부터 2017년까지 중동뿐만 아니라 전 세계에 테러 위협을 가한 ISIS(ISIL이라고도 함)라는 이슬람 극단주의 세력도 같은 논리를 주장했습니다.

팔레스타인 문제

이제부터 중동 분쟁의 핵심인 팔레스타인 문제를 살펴보겠습니다. '세계에서 가장 해결하기 어려운 문제The world's most intractable conflict'라고 불릴 정도로, 그 배경 설명만으로도 책 한 권은 쓸 수 있을 정도입니다. 최대한 간결하게 설명하겠습니다.

먼저 팔레스타인의 위치를 파악해야 합니다. 이 지역에는 아랍어를 사용하는 이슬람들이 상당수 거주하고 있는데 그들이 바로 팔레스타인 사람들입니다. 그렇다면 유럽에서 유대교를 믿던 사람들(유대인)이 이 지역으로 이주하게 된 과정을 알아보겠습니다.

19세기 말은 유럽 각지에서 **반유대주의**(안티 세미티즘Anti-Semitism)가 유행하던 시기였습니다. 유럽 각국에 내셔널리즘이 고조되면서 국민 통합을 위해 유대인을 적으로 간주하는 풍조가 퍼졌습니다.

유대인이라는 이유만으로 간첩 혐의를 받고 억울하게 누명을 쓴 '드레퓌스 사건'이 프랑스에서 일어난 것도 이 시기입니다. 유대인들은 이러한 박해에서 벗어나기 위해 유대인 국가 건설을 모색하기 시작합니다. 이것이 바로 시오니즘Zionism 운동입니다.

유대인 국가를 어디에 건설할 것인지를 두고 여러 후보지가 논의되었으나, 1905년에 팔레스타인에 유대인 국가를 건설하기로 결정합니다.

팔레스타인에 유대인 국가를 건설하자는 움직임에 힘을 실어 준 것이 제1차 세계대전 중이었던 1917년, 영국이 발표한 '밸푸어 선언'입니다. 이 선언은 애써 명확한 표현은 피했지만, 유대인 국가 건설을 지지한다고 봐도 무방한 내용이었습니다.

제1차 세계대전이 끝나자, 팔레스타인은 영국의 위임통치령이 됩니다. 1930년대에 독일에 나치 정권이 들어서고 유대인에 대한 박해가 심해지면서 유대인의 팔레스타인 이주가 본격화합니다.

팔레스타인은 위임통치 A등급지역(국민국가를 형성할 수 있지만 약간의 시간이 필요한 지역)이므로 사실상 독립이 예정된 상태였습니다. 다만 그 독립국가가 현지에 거주하는 다수파인 팔레스타인인 주도로 이루어질지, 아니면 이주해 오는 유대인 주도로 이루어질지에 대해서는 정해진 것이 없었습니다.

제2차 세계대전 종전 직후의 팔레스타인 인구 구성을 보면 팔레스타인 58%, 유대인 33%였습니다. 그 사이 영국은 팔레스타인에 어떤 형태의 독립국가를 만들 것인지 유대인 대표와 팔레스타인 대표에게 다양한 제안을 했지만, 어느 것 하나도 합의에 이르지는 못

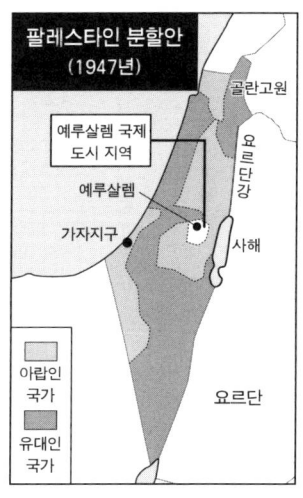

했습니다.

한편 제2차 세계대전이 끝나갈 무렵부터 유대인 과격파들은 팔레스타인을 위임통치하던 영국을 상대로 테러를 감행합니다. 제2차 세계대전으로 피폐해진 영국은 팔레스타인의 위임통치를 종료하고, 그 지역의 향후 문제를 유엔에 맡기게 됩니다.

유엔은 논의 끝에 1947년에 팔레스타인에 유대인 국가와 팔레스타인 국가를 각각 수립하기로 합니다. 이른바 팔레스타인 분할안입니다. 다만, 토지 면적을 유대인 국가가 56%, 팔레스타인 국가가 43%로 인구가 적은 유대인에게 더 많은 면적을 할당하는 안이었기 때문에 팔레스타인 사람들은 도저히 받아들일 수 없었습니다.

한편, 분할안을 받아들인 유대인은 1948년에 이스라엘 건국을 선언합니다. 그러자 이집트, 시리아, 요르단 등 주변 아랍 국가들이 이스라엘에 선전포고를 하고, 제1차 중동전쟁이 시작됩니다.

이 전쟁에서 이스라엘이 승리하면서 이스라엘은 국가 존속이 확고해졌을 뿐만 아니라, 전쟁의 혼란을 틈타 영토를 확장하게 됩니다. 팔레스타인 측은 유엔의 팔레스타인 분할안을 수용하지 않았습니다. 즉, 팔레스타인 국가를 건설하지 않은 채 가자지구와 요르단강 서안지구로 나뉘어 많은 사람들이 난민으로 전락했습니다. 이 비극을 팔레스타인 사람들은 '나크바(대재앙)'라고 부릅니다.

'만약'이라는 가정이긴 하지만, 당시 국제사회는 이스라엘이 무력으로 국경선을 변경한 것에 대해 인정할 수 없다고 왜 주장하지 않았는지 의문이 듭니다. 이스라엘 영토가 유엔 분할안의 국경선에 머물렀다면, 이후의 역사는 지금과는 다른 방향으로 전개되었을지도 모릅니다.

팔레스타인을 둘러싼 분쟁은 1967년, 제3차 중동전쟁으로 다시 격화됩니다. 이때 이스라엘은 이집트, 시리아, 요르단에 선전포고를 하고 압승을 거두었습니다. 그 결과 이스라엘의 영토는 두 배로 늘어났고, 팔레스타인 사람들이 다수 거주하던 가자지구와 요르단강 서안지구는 이스라엘에 편입됩니다. 이 역시 무력에 의한 국경 변경이므로, 국제사회는 이스라엘의 영토 확장은 인정할 수 없다는 주장을 제기해야 했습니다. 서방 국가들이 이스라엘을 방임했다고 말할 수밖에 없습니다.

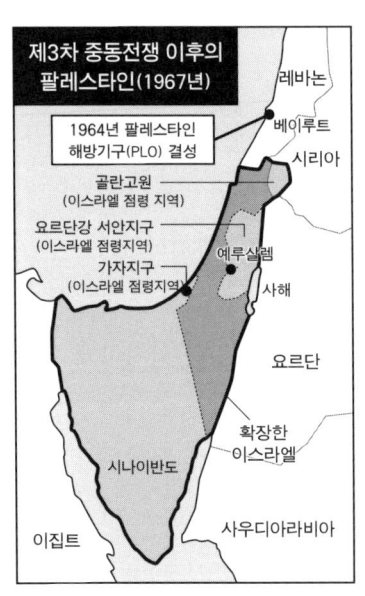

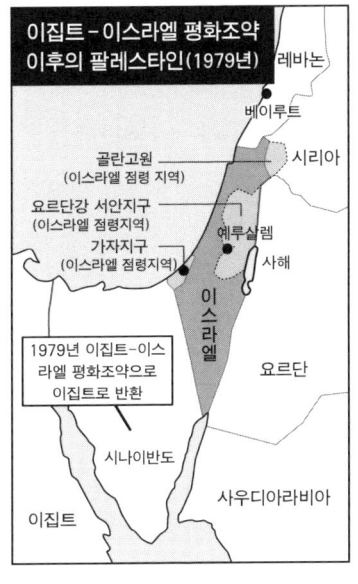

제3차 중동전쟁에 패한 이집트와 시리아가 1973년에 반격을 시도하며 제4차 중동전쟁이 벌어졌습니다. 이 전쟁 역시 이스라엘의 승리로 끝났고, 이집트는 이스라엘과 오랜 분쟁을 마무리하고 화해를 선택합니다. 1979년, 이집트-이스라엘 평화조약이 체결되었고 이집트는 제3차 중동전쟁에서 빼앗겼던 시나이반도를 되찾게 됩니다.

이집트가 이스라엘과 화해하면서 팔레스타인 사람들의 처지는 점점 더 어려워졌습니다. 이에 1987년, 인티파다Intifada라고 불리는 저항 운동이 가자지구와 요르단강 서안지구에서 일어납니다. 그리고 거대한 시대적 변화가 일어나는데, 바로 냉전의 종식입니다.

본래 팔레스타인 문제는 냉전, 즉 미국-소련의 대립과는 큰 연관이 없었지만, 냉전이 종식되면서 문제의 해결 가능성을 열어주는 분위기가 형성되었습니다. 그렇게 1993년, 팔레스타인 자치협정(오슬로 협정)이 체결됩니다. 팔레스타인 측도 이스라엘을 국가로 인정하지 않는다는 주장이 사실상 공상에 불과하다는 것을 인정하게 되었습니다.

이스라엘은 가자지구와 요르단강 서안지구에서 1999년까지 병

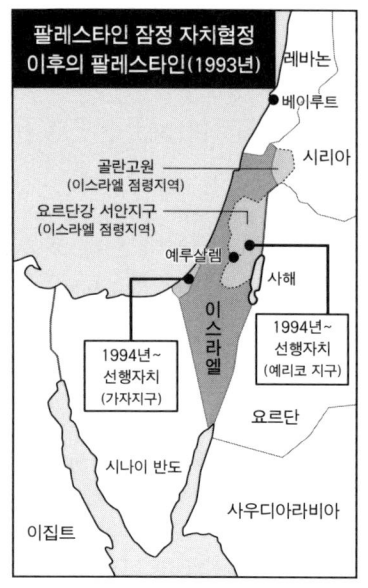

력을 철수하고, 두 지역에 팔레스타인 국가를 수립한다는 내용이었습니다. 1994년에는 팔레스타인 자치정부도 세워졌습니다. 1947년 유엔의 팔레스타인 분할안보다 작은 영토이긴 하지만, 먼 길을 돌아 마침내 문제 해결의 실마리가 보이는 듯했습니다.

하지만 불과 몇 년 만에 상황은 다시 악화됩니다. 1995년, 팔레스타인 자치협정을 체결한 이스라엘의 라빈 총리가 암살당한 것입니다. 이때부터 이스라엘은 입으로는 두 국가의 공존을 말하면서, 팔레스타인인이 거주하는 요르단강 서안지구에 유대인 정착촌을 확장해 나갔습니다. 팔레스타인 측도 이스라엘의 존재를 인정하지 않는 급진파 하마스가 세력을 키우면서 대화로 문제를 해결하는 데 점점 더 어려움이 가중되었습니다.

2000년, 훗날 이스라엘의 총리가 된 야당 지도자 샤론이 예루살렘에 있는 이슬람 성지에 방문한 것이 계기가 되어 제2차 인티파다가 시작되었습니다.

팔레스타인 자치정부 내에서는 온건파인 파타와 급진파인 하마스 간의 갈등이 깊어져, 2007년에는 하마스가 통치하는 가자지구

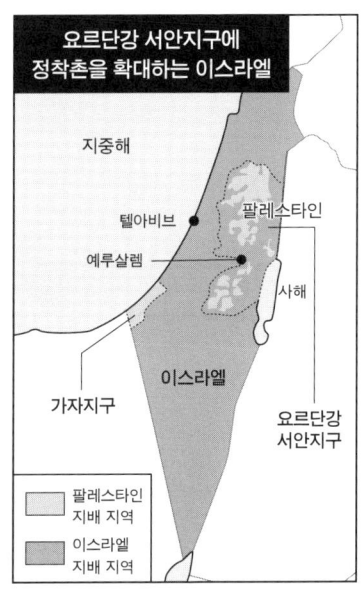

와 파타가 통치하는 요르단강 서안지구로 분열되게 됩니다.

팔레스타인 자치협정에 따라 1999년까지 이스라엘군은 팔레스타인인이 거주하는 지역에서 철수할 예정이었으나, 가자지구에서만 철수가 이루어졌고, 요르단강 서안지구에서는 철수가 이루어지지 않았습니다. 현재까지도 요르단강 서안지구의 60%는 이스라엘의 지배하에 있습니다.

지도를 보면 요르단강 서안지구의 팔레스타인인 거주지역은 이스라엘에 둘러싸여 고립된 상태임을 알 수 있습니다. 이는 아파르트헤이트Apartheid라고 불리는 남아프리카 공화국의 흑인 분리 정책과 동일합니다. 즉, 이스라엘의 팔레스타인인에 대한 제노사이드라고 해도 과언이 아닐 것입니다.

2023년에 일어난 이스라엘과 가자지구 분쟁에서도(물론 양측 모두 나름의 주장이 있겠지만), 최소한 팔레스타인 자치협정 시점으로 돌아가 생각해 본다면, 이스라엘에 책임이 있다고 생각합니다만, 여러분은 어떻게 생각하십니까?

해체되지 않는 중화제국

현재의 중화인민공화국 영토와 비슷한 지배 영역을 가진 중국 왕조는 청清입니다. 청은 1616년부터 1912년까지 이어진 왕조로, 중화인민공화국의 전신이라고 할 수 있습니다. 현재의 중화인민공화국 영토는 청에 비해 약간 작습니다. 물론 당시에는 주권국가 체제가 확산하지 않아 국경선이나 영토라는 개념이 확립되지 않았고 국민국가의 이념도 없었으며, 오스만 제국과 마찬가지로 여러 민족이 공존하고 있었습니다.

청은 티베트, 위구르, 몽골을 직접 통치하지 않고 현지 지도자들에게 지배를 맡겼습니다. 한족(중국인)과 만주족 세력을 중심으로 한 중화제국이었습니다. 참고로 청 이전 중국 왕조에서도 티베트, 위구르, 몽골을 직접 지배하는 일이 드물었습니다. 이러한 역사적 배경을 고려할 때, 일본이나 한국이 자주 언급하는 '고유의 영토'라는 표현은 티베트, 위구르, 몽골에는 적용되기 어렵습니다.

19세기에 들어 유럽 열강의 영향을 받은 청나라도 제국의 일체

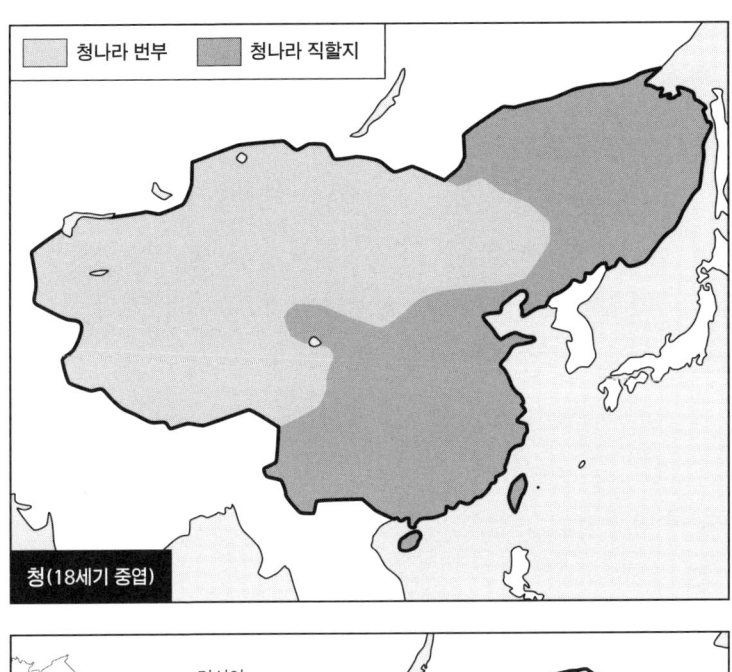

성을 유지하기 위해 국민국가의 이념을 받아들이지 않을 수 없게 되었습니다. 그 결과 다민족 공생 체제가 점차 붕괴하게 됩니다.

1911년에 일어난 신해혁명辛亥革命으로 청이 멸망하고, 중화민국이 수립됩니다. 이때 몽골과 티베트는 독립하려는 움직임을 보였고, 중화민국 내부에서도 각지 군벌들이 세력을 확장하여 통일된 국가체제를 갖추지 못하는 상황이 이어졌습니다. 결국 중화제국은 사실상 해체 수순을 밟게 되었습니다.

그러나 1920년대부터 중국의 재통일을 향한 움직임이 본격화했고, 이는 중국 대륙에서 이권을 쥐고 있던 일본과의 충돌로 이어질 수밖에 없었습니다.

중국 내부에서는 중국 국민당과 중국 공산당, 두 세력이 협력하여 일본을 축출하는 것이 제2차 세계대전입니다. 그러나 전쟁이 끝난 뒤 국민당과 공산당은 대립하게 됩니다. 이를 국공내전國共內戰이라고 부릅니다. 결국 1949년에 중국 공산당이 승리하여 중화인민공화국을 수립하고, 옛 청나라에 버금가는 영토 회복에 나섭니다.

이렇게 중화제국이 부활하지만, 청나라 시대로의 회귀를 의미하는 것은 아닙니다. 중화인민공화국은 하나의 국민국가로서 영토 내의 동질성을 추구하는 정책을 펼칩니다. 다수를 차지하는 **한족(중국인)으로의 동화**를 강요하면서, 한족 이외의 다른 민족에 대한 억압이 20세기 후반부터 현재까지 계속되고 있습니다.

내몽골의 인권 탄압

지도에 표시된 지역이 내몽골입니다. 일부 사람들은 남몽골이라고 부르기도 합니다. 몽골국은 외몽골이라고 부르는 지역에 해당하며, 몽골어를 사용하고 티베트 불교를 믿는 사람들이 주로 거주하고 있습니다.

청나라 시대에는 몽골에 한족(중국인) 이주가 금지되었으나, 청 말기에 이르러 국토 방어를 위해 내몽골 지역에 한족 정착이 시작되었습니다. 내몽골은 만주와 인접해 있기 때문에 일본도 노리고 있었습니다. 신해혁명 이후의 혼란기인 1924년 외몽골만이 몽골인민공화국으로 독립하게 되는데, 이는 소련의 지원을 받은 아시아

최초의 사회주의 국가였습니다.

제2차 세계대전 이후, 중국은 중화인민공화국으로서 옛 청나라 영토에 가까운 형태로 재통일하려고 애썼습니다. 그 과정에서 내몽골도 중화인민공화국의 주권 아래 편입되었습니다.

내몽골은 중화인민공화국 내에서 자치구의 지위를 가지고 있으나, 1950년대부터 중화인민공화국과 소련의 대립이 본격화하면서, 내몽골과 외몽골의 통일을 명분으로 소련이 개입할 가능성을 우려한 중국 공산당은 내몽골에 대한 철저한 탄압을 시작했습니다.

현재도 중국으로의 동화정책이 진행되고 있으며, 특히 1960년대부터 1970년대의 문화대혁명 시기에는 끔찍한 학살이 자행되었습니다. 이는 중화인민공화국에 의한 제노사이드라고 할 수 있습니다.

티베트인에 대한 인권 침해

티베트에는 수백 년 동안 중국의 지배 왕조와는 별개의 독자적인 정권이 존재했습니다. 18세기에 중국을 지배하던 청나라가 티베트를 지배하긴 했지만, 이는 직접적인 통치가 아닌 반독립국 형태였습니다.

19세기에 들어서면서 아시아는 원하든 원치 않든 주권국가 체제로 편입되었고, 그 과정에서 청은 그동안 느슨하게 통치하던 지역들을 국민국가로 통합해야 했습니다. 티베트는 신해혁명으로

청이 무너지고 중화민국이 수립될 당시, 중국의 완전한 지배를 거부하며 독립을 선언하게 됩니다.

중화민국은 티베트의 독립을 인정하지는 않았지만, 당시 중화민국 자체가 국가로서 제대로 기능하지 못하고 있었기 때문에 티베트를 통치할 능력이 없었습니다. 이로 인해 제2차 세계대전 이후까지 티베트는 독립된 상태를 유지할 수 있었습니다.

그러나 제2차 세계대전을 거치고 마침내 중국이 중화인민공화국으로 통일되면서 한때 청나라가 일정 부분 지배했던 지역까지 통치를 강화하게 되었고, 티베트는 결국 1951년에 중화인민공화국의 일부로 편입되었습니다.

티베트는 오랫동안 티베트 불교의 강한 영향으로 불교 지도자가 국가 수장이 되는 정교일치 체제를 유지해 왔습니다. 중화인민공화국에 편입되기 전부터 달라이 라마Dalai Lama 14세가 티베트를 통치하고 있었으나, 중화인민공화국의 침공으로 1959년 그는 인도로 망명하게 됩니다. 대규모 반중 운동이 일어나자 달라이 라마 14세는 사태를 진정시키기 위해 스스로 망명을 선택하는 것이 최선이라고 판단한 것입니다. 그는 티베트의 독립을 주장하는 것이 아니라, 중화인민공화국 내에서 고도의 자치권을 요구하고 있을 뿐입니다.

그럼에도 불구하고 중국 공산당은 티베트에 대한 강경한 탄압 정책을 계속 유지하고 있습니다. 인도에 있는 티베트 망명정부는 1950년부터 1975년까지 중국에 의해 100만 명의 티베트인들이 학살당했다고 주장하고 있습니다.

신장 위구르 자치구의 인권 문제

이 지역의 역사를 조금 살펴보겠습니다. 원래 몽골고원을 생활터전으로 삼았던 튀르키예인들은 9세기부터 이 지역으로 이주하기 시작했습니다. 이후 이 곳을 **투르키스탄**이라고 불렀습니다.

투르키스탄은 발하슈호를 경계로 동투르키스탄과 서투르키스탄으로 나뉘며, 현재의 신장 위구르 자치구는 동투르키스탄에 해당합니다. 참고로 이 지역에서 더 서쪽으로 이주한 튀르키예인들도 있었습니다. 현재 튀르키예계 민족은 소아시아에서 투르키스

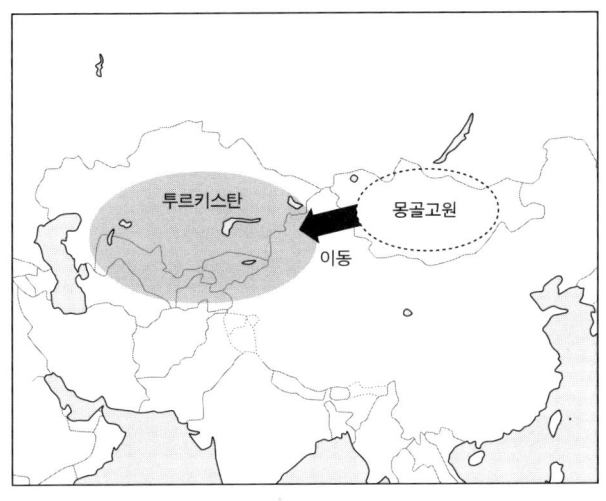

탄에 이르기까지 광범위하게 분포해 있습니다. 이 지역에 거주하는 튀르키예인들은 이슬람을 믿고, 튀르키예어와 비슷한 위구르어를 사용합니다.

18세기에 들어 동투르키스탄은 청나라의 지배를 받게 되며, 새로운 땅이라는 뜻의 신장新疆이라는 이름이 붙여졌습니다. 몽골이나 티베트와 마찬가지로 청나라가 직접 통치하지 않고, 현지 지도자에게 통치를 맡겼기 때문에 별다른 문제는 없었습니다.

하지만 19세기에 접어들면서 상황은 크게 변합니다. 러시아의 영향력이 이 지역에 미치게 되면서, 청은 신장 지역을 직할지로 설정하고 직접 통치를 위한 신장성新疆省을 설치합니다. 이로 인해, 신해혁명 당시 몽골과 티베트는 독립을 선언했지만, 신상 시역은 중화민국의 지배하에 놓이게 됩니다. 그러나 중화민국 자체가 혼란스러운 상황이었기 때문에 군벌 정권 아래서는 사실상 독

립을 유지한 상태였습니다.

1930년대와 1940년대에 두 차례 동투르키스탄공화국이라는 이름으로 튀르키예인(위구르인)들이 건국을 선언했지만 매우 짧은 시간에 막을 내렸습니다. 중국 내 국민당과 공산당의 대립, 소련과 몽골의 개입 등이 복잡하게 얽히면서, 결국 1950년 신장 위구르 자치구로 명명되어 중화인민공화국의 지배하에 놓이게 됩니다.

이때부터 현재까지 티베트나 내몽골과 마찬가지로 중화인민공화국 체제하에서 박해를 받고 있습니다.

서구에서 중국의 인권 문제를 제기할 때, 내몽골이나 티베트보다 신장 위구르 자치구가 더 많이 언급됩니다. 그 이유는 위구르인들이 전 세계에 분포해 있어, 서구 국가들을 상대로 활발한 로

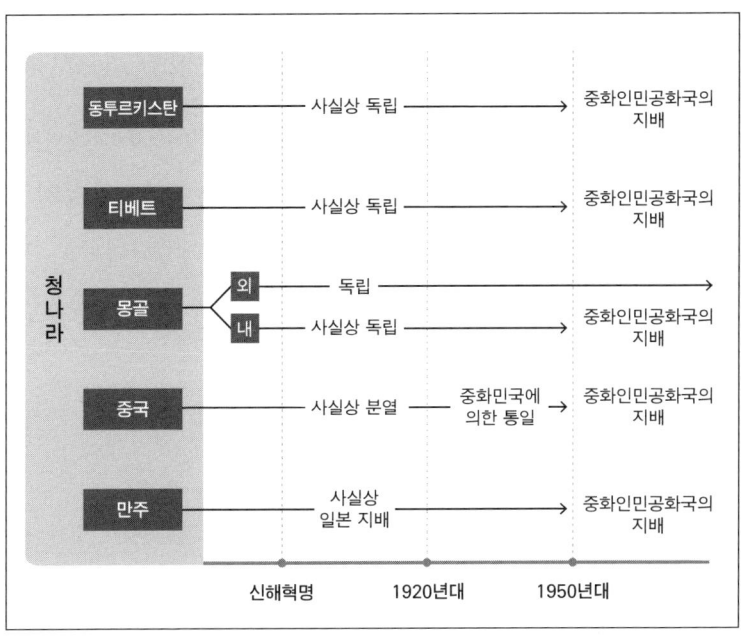

비활동을 펼치고 있기 때문입니다. 이러한 영향으로 위구르 지역에서 생산된 제품(자동차, 섬유제품)에 대한 수입금지와 같은 경제 제재가 시행되고 있습니다.

하지만, 이러한 학살에 대해 국제사회는 너무나도 무력한 상태입니다. 중화인민공화국은 **주권국가의 내정 불간섭 원칙**을 내세우며 외부의 목소리에 귀를 닫고 있는 듯 합니다.

게다가 중화인민공화국의 세계적인 경제적 영향력을 고려하면 경제 제재를 효과적으로 시행하기도 어려운 상황입니다.

대만 문제

대만의 역사를 간단히 살펴보겠습니다. 대만은 중국 대륙과 매우 가까운 거리에 위치해 있지만, 역사적으로 중국 왕조와 무관한 역사가 길었던, 다시 말해 **중국인이 없었던 지역**이었습니다. 대만에 살았던 사람들은 중국인과는 다른 민족이었습니다. 지금은 그들을 원주민이라고 부릅니다.

1624년, 대만은 네덜란드 지배하에 놓이게 됩니다. 이 시기에 중국 대륙에서는 명나라를 무너뜨린 청나라와, 명나라를 부활시키려는 세력 간에 충돌이 있었습니다. 그런 가운데 1661년, 명나라의 부활을 목표로 했던 정성공鄭成功세력이 대만으로 피신합니다.

정성공이 대만에서 네덜란드를 몰아내자, 이때부터 중국 대륙의 중국인들이 대만으로 이주해 오기 시작했습니다. 하지만 1683년, 결국 정성공은 청나라에 항복하고 대만은 청나라의 지배하에 놓이게 됩니다.

1894년, 청일전쟁에서 청나라가 패하면서 일본이 대만을 통치하게 됩니다. 일본 통치 기간 동안 원주민인 시디그족(일본에서는 고사족高砂族이라고 불렀음)이 반란을 일으킨 우서사건霧社事件이 발생했습니다. 당시 대만인들은 '일본인'으로 교육받았지만, 실제로는 일본인과 동등한 대우를 받지 못했고, 그 상황 속에서 대만인으로서의 정체성을 찾기 위해 저항이 일어난 것입니다.

이제, 제2차 세계대전 시기부터 일본의 지배가 끝날 때까지의 흐름에 대해 살펴보겠습니다.

1911년에 신해혁명으로 청나라가 멸망하고, 그 뒤를 이어 수립된 중화민국은 한동안 극심한 혼란 속에 정부 기능마저 사실상 마비된 상태였습니다. 이런 가운데 1919년에 중국 국민당이, 1921년에는 중국 공산당이 각각 창당되었고, 두 당은 1924년에 합병하여(제1차 국공합작) 군벌들이 각축을 벌이는 중국의 재통일을 위해 힘을 모으게 됩니다.

중국 국민당 지도자 쑨원孫文은 공산당과의 합작을 유지하려 했지만, 쑨원이 사망한 뒤 국민당 지도자가 된 장제스蔣介石는 1927년 공산당과의 관계를 단절하고 소탕 작전을 벌였습니다.

그러나 일본이 중국 대륙 진출을 강화하자, 장제스는 다시 공산당과 협력하게 됩니다(제2차 국공합작). 1937년부터 시작된 중일전쟁은 일본이 국민당과 공산당 양쪽 모두를 상대해야 하는 전쟁이었습니다.

제2차 세계대전에서 일본의 패색이 짙어지자, 국민당과 공산당은 전후의 주도권을 두고 다시 대립합니다.

1946년부터 본격적인 내전이 시작되면서 공산당은 점차 세력을 확대하였고, 1949년에는 국민당을 대만으로 몰아냈습니다. 그 결과, 중국 공산당은 대륙 본토에 중화인민공화국을 건설하게 됩니다.

대만으로 피신한 국민당이 계속해서 중화민국이라는 국호을 사용하면서 표면적으로는 두 개의 중국(대륙의 중화인민공화국과 대만의 중화민국)이 존재하는 복잡한 상황이 이어지게 되었습니다. 하

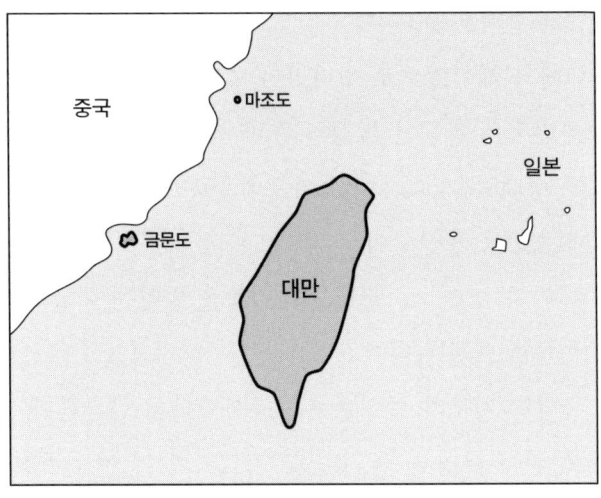

지만 국제적으로나 중국의 관점에서나 '중국은 하나'라는 것이 공식적인 견해입니다.

중국은 이미 유엔에 가입되어 있었는데, 여기서 말하는 중국은 1945년 유엔 성립 당시 중국의 정통 정부였던 중화민국, 즉 대만이었습니다. 반면 광대한 중국 대륙을 지배하고 있던 중화인민공화국은 국제적으로 보면 단지 반란 세력에 불과한 존재였습니다. 한편 중화민국은 말로는 여전히 대륙으로 진군해 중국 전체를 되찾겠다고 주장하고 있었습니다.

하지만 인구는 수십 배, 면적은 200배가 훨씬 넘는 중화인민공화국이 1964년에 핵보유국이 되면서, 점차 중화인민공화국을 정통 중국으로 인정하는 국가들이 늘어나게 되었습니다. 결국 1971년, 중국 유엔 대표권이 교체됩니다. 즉, 중화인민공화국이 유엔에 가입하게 되고, 중화민국은 유엔에서 추방당하게 됩니다.

현재 국제사회는 대만을 중화인민공화국의 일부이기는 하지만, 중화인민공화국의 지배가 미치지 않는 지역으로 보는 시각이 많습니다. 당연한 이야기지만, 대만이 대륙으로 진군하여 중국 전체를 통치하는 것은 그야말로 꿈같은 이야기에 가깝습니다.

하지만 대만은 1970년대부터 아시아 신흥 공업 경제 지역(NIES) 일원으로 산업화를 추진하였고, 1989년부터는 국민당 일당 체제를 끝내고 민주화가 진행되면서 국제사회에서 존재감을 키워가고 있습니다.

여기까지 장황하게 대만의 역사를 살펴본 이유는, 대만인으로서의 정체성이 무엇인지를 확인하기 위해서입니다.

청나라의 지배를 받았다는 이유로 대만이 중국의 일부라는 주장은 설득력이 없습니다. 그런 논리라면 대만은 일본이나 네덜란드의 지배를 받았기 때문에 일본인 또는 네덜란드인이라고 주장할 수 있기 때문입니다.

대만에는 소수민족인 시디그족과 같은 원주민을 비롯해, 17세기경부터 시작해서 일본의 지배를 받았던 시기에 이주해 온 중국인(본성인本省人)과, 국공내전에 패한 후 대만으로 피난 온 국민당 중국인(외성인外省人)들이 살고 있습니다. 이들은 같은 중국어를 사용하지만 그 형태는 상당한 차이를 보입니다. 최근에는 동남아시아에서 이주한 외국인 노동자도 늘어나고 있습니다.

이처럼 대만은 특정 민족 집단을 기반으로 하지 않는 '다양한 문화가 공존하는 공간'으로서 고유의 정체성을 형성해 가고 있습니다. 동성결혼 합법화나 여성의 국가 정치 참여율이 아시아에서 가장 높은 **수준**에 이른 것도 이러한 열린 정체성을 잘 보여주는 사례라고 할 수 있습니다.

  21세기에 들어 중화인민공화국은 대만의 경제 성장을 능가하는 속도로 경제력과 군사력을 확장해 왔습니다. 이러한 변화로 인해 중화인민공화국이 대만을 실효 지배하기 위해 침공할 가능성에 대한 우려가 지난 10년간 꾸준히 제기되고 있습니다.

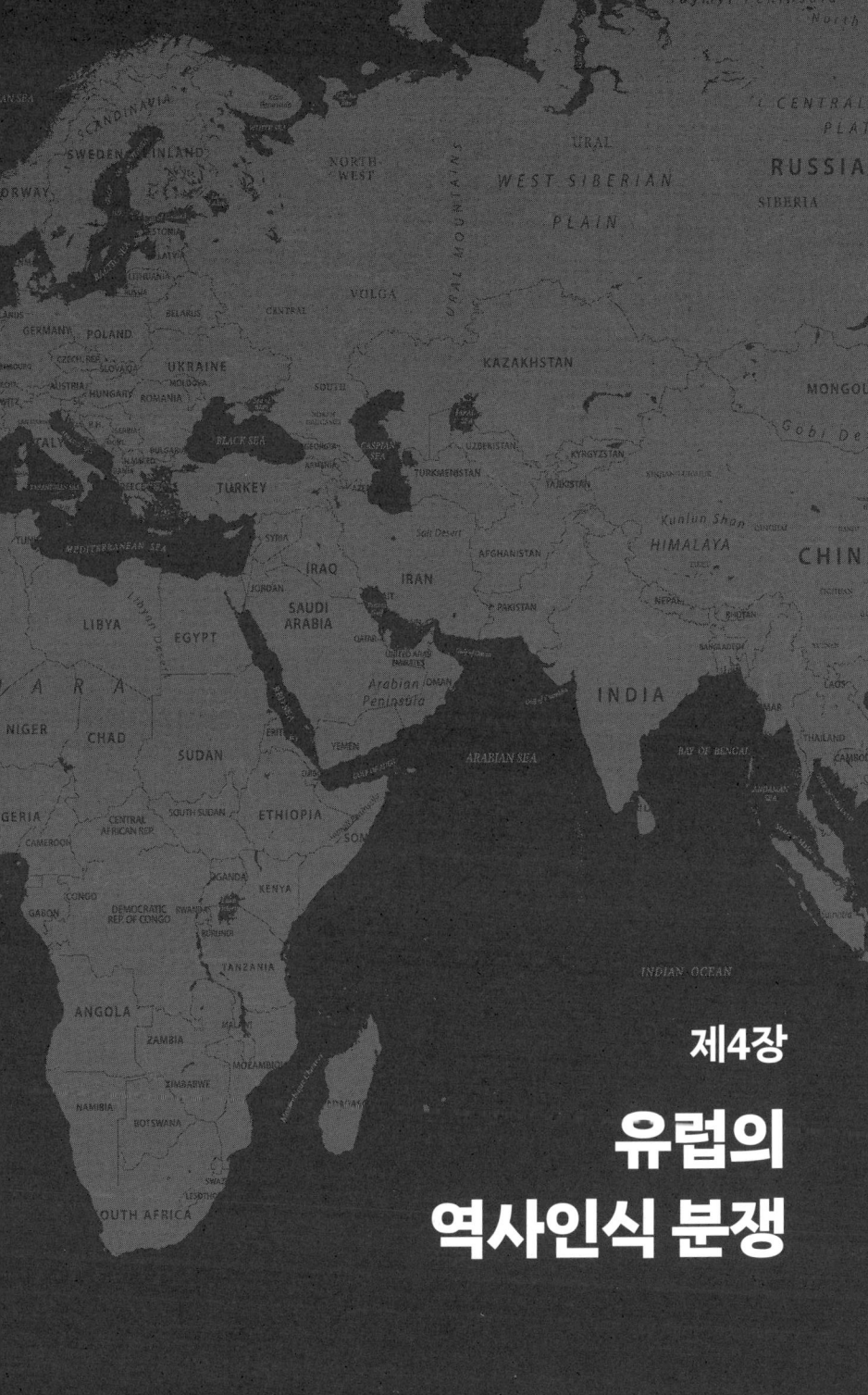

제4장
유럽의 역사인식 분쟁

⚠️

제2차 세계대전이 종식되고 20세기 후반으로 나아가던 시기를 냉전 시대라고 부릅니다.

냉전이 종결된 시점은 일반적으로 1989년으로 보고 있습니다. 40여 년간의 냉전이 가지는 의미는 설명하기 매우 어렵습니다. 보는 관점에 따라 다양한 해석이 가능하기 때문입니다. 여기에서는 미국과 소련이라는 두 초강대국이 국제정치에 강한 영향력을 행사하던 시기라는 점을 전제로 설명하겠습니다. 미국과 소련 이외의 국가들의 동향을 경시하려는 것은 아닙니다. 미국과 소련이 자국의 세력을 확장하기 위해 다양한 방식으로 다른 나라에 개입했지만, 그 나라들 또한 미국과 소련을 이용해 자국의 국익을 추구하는 상호 의존적인 관계를 형성했습니다.

물론 정도의 차이가 있었기 때문에 일률적으로 설명하기는 어렵습니다. 미국이나 소련이 강하게 압박한 나라들도 있었고, 반대로 미국이나 소련을 이용하여 자국의 지배를 강화하려는 나라들도 존재했습니다. 어떠한 형태로든 제2차 세계대전을 거치며 각각의 국민국가는 미국과 소련이라는 초강대국의 존재를 전제로, 새로운 국민국가의 서사를 만들어야만 했습니다.

그러나, 이 서사는 냉전 시대가 끝나는 과정에서 수정이 필요했습니다. 그 과정에서 이른바 역사인식 분쟁이라고 불리는 대립이 발생했고, 이는 국내 문제를 넘어 외교 문제로까지 비화하게 되었습니다.

이 새로운 국민국가의 서사를 엮어 가는 데 기초가 된 사건은 나치 독일이 저지른 홀로코스트였습니다. 600만 명에 달하는 유대인 제노사이드를 무시하고 제2차 세계대전 이후의 역사를 걸어갈 수는 없었을 것입니다. 하지만 제1장에서 언급한 에르네스트 르낭의 말을 다시 한번 떠올려 봅시다.

"망각-심지어 역사적 오류라고까지도 말할 수 있겠는데-은 민족 창출의 근본적인 요소이며, 바로 그러한 연유로 역사 연구의 발전은 종종 민족성에 대해 위험한 것으로 작용합니다."

《민족이란 무엇인가》 중에서

제2차 세계대전을 거치며 무엇을 망각하고, 새로운 국민국가의 서사를 어떻게 만들어갔는지, 그리고 그 망각을 둘러싼 역사인식의 갈등이 어떠한 양상으로 나타났는지를 살펴보겠습니다.

발트 3국의 역사인식을 둘러싼 문제

역사인식을 둘러싼 분쟁에 대해 발트 3국의 사례부터 살펴보겠습니다. 먼저, 발트 3국에 대한 기본적인 정보를 확인해 보겠습니다. 에스토니아, 라트비아, 리투아니아 이 세 나라의 면적을 모두 합쳐도 한반도 80% 정도에 불과하지만, 세 나라로 나뉘어져 있는 이유는 언어와 종교의 차이 때문입니다.

그럼, 간단하게 발트 3국의 역사에 대해 알아보겠습니다.

17세기에는 에스토니아와 라트비아 일부 지역이 스웨덴의 지배를 받았지만, 18세기 이후에는 러시아의 지배를 받게 됩니다. 한편, 리투아니아는 폴란드와 밀접한 관계를 맺으며 폴란드-리투아니아 연합왕국을 형성했습니다. 하지만 18세기 말, 러시아, 오스트리아, 프로이센에 의해 분할되면서 멸망하였고, 현재 리투아니아 일부 지역은 러시아에 편입되었습니다.

19세기 말, 세 지역에서 민족의식이 고조되었고, 20세기 조에는 러시아가 일본과의 전쟁에서 패배하면서 독립을 위한 움직임이 일어나기 시작했습니다.

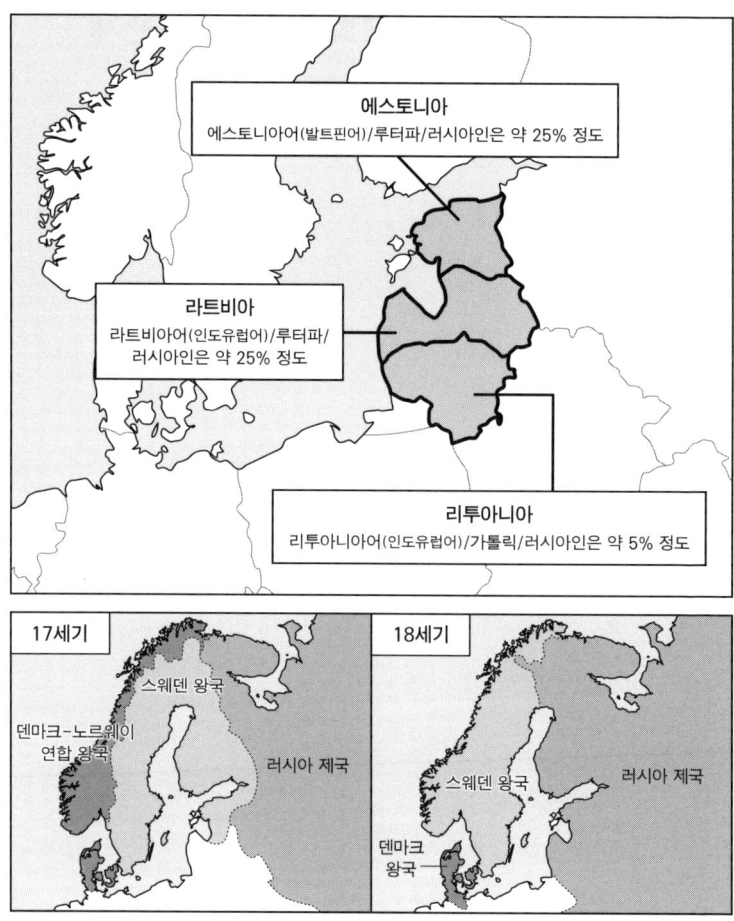

　제1차 세계대전 말기인 1917년에 러시아 혁명이 일어나고, 1918년 3월에는 러시아가 제1차 세계대전에서 철수합니다. 그 직후 대소 간섭전쟁이 시작되었으며, 같은 해 11월에는 독일이 제1차 세계대전에서 항복합니다. 이처럼 복잡한 정세 속에서 발트 3국을 둘러싼 상황도 여러 차례 변화했습니다. 이 부분은 너무 복잡해서 더 이상의 설명은 생략하겠습니다.

결국, 발트 3국은 1920년에서 1921년 사이에 소련뿐만 아니라 다른 여러 국가로부터 독립을 인정받게 되었습니다.

'점령'인가 '해방'인가

독립 후 발트 3국은 헌법을 제정하고 의회제 민주주의의 안정을 추구하지만, 얼마 지나지 않아 권위주의 체제로 전환하게 됩니다. 이는 1920년대부터 1930년대에 걸쳐 많은 유럽 국가에서 나타난 현상이었으며, 이탈리아의 무솔리니 정권과 독일의 나치 정권의 등장에서도 공통적으로 드러나는 시대적 흐름이었습니다.

나치 독일이 세력을 확장하는 가운데, 1939년 8월에 독소 불가침 조약이 체결됩니다. 이 조약에는 비밀 협정이 포함되어 있었는데, 그로 인해 폴란드는 독일과 소련에 의해 분할되고 발트 3국은 소련의 영향권에 들어가게 됩니다.

1939년 9월, 독일이 폴란드를 침공하면서 유럽에서 제2차 세계대전이 시작되자, 소련도 폴란드를 침공합니다. 소련은 발트 3국에 압력을 가해 친소련 정권이 들어서게 하고, 그 정권 아래에서 1940년 소련 편입이 결정됩니다. **표면적으로는 '자발적으로 소련 연방에 들어갔다'고 보일 수도 있지만, '군사적으로 점령당했다'고 해석할 수도 있습니다.**

1941년 6월, 독일이 소련을 침공(독소전쟁 시작)하면서, 발트

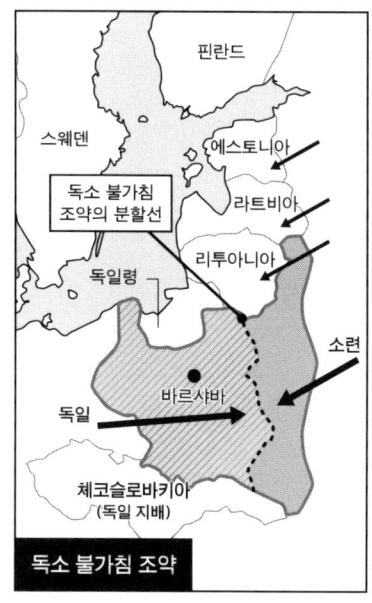
독소 불가침 조약

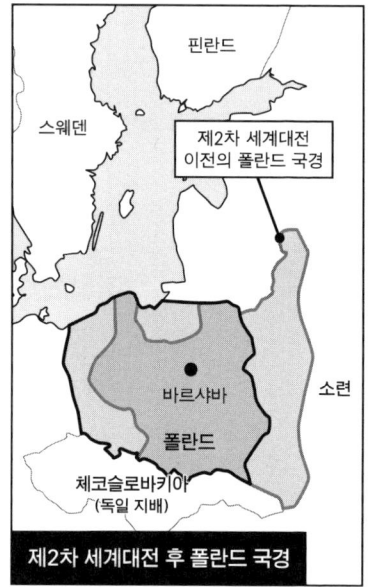
제2차 세계대전 후 폴란드 국경

  3국은 8월까지 독일에 의해 '점령' 당하게 됩니다. 한편으로는 이 시점을 소련으로부터 '해방'되었다고 볼 수도 있습니다. 실제로 1990년대에 발트 3국이 공동으로 역사 교과서를 만들었을 때, '해방'이라는 표현을 사용했습니다.

  현실은 더욱 복잡해서 파르티잔 부대를 조직해 나치 독일에 저항했던 사람들이 있었던 반면, 나치가 자행한 홀로코스트에 주체적으로 참여해 유대인 학살에 가담한 이들도 있었습니다.

  1944년 나치 독일의 패배가 확실해지던 시기에 동쪽에서 소련군이 공격해 옵니다. 같은 해 여름, 발트 3국은 다시 소련의 지배하에 놓이게 됩니다. 이를 두고 소련은 나치 독일로부터의 '해방'이라고 주장하지만, 소련에 의해 '재점령' 당했다고도 말할 수 있습니다. 실제, 소련에 대한 무장 저항 활동이 1950년대까지 계속되었습니다. 물론 소련은 이 활동을 나치 잔당의 색출이라는 명목으로 철저히 진압했습니다.

급변하는 정세 속에서 때로는 소련 편에 때로는 나치 편에 섰던 발트 3국은, 1939년 독소 불가침 조약에 의해 소련으로 편입된 과거를 망각함으로써, 나치 독일에 정복되어 고통받았던 시기에 소련이 해방시켜 주었다는 서사가 공식적인 역사관이 됩니다.

기념비를 둘러싼 대립

냉전 시기에 러시아와 가까운 에스토니아와 라트비아에는 많은 러시아인이 유입되어, 러시아인의 비율이 높은 나라가 되었습니다.

1985년, 소련의 지도자로 고르바초프가 취임하면서 거대한 시대적 변화의 물결이 밀려오기 시작했습니다. 1991년에는 소련 연방의 해체가 결정되었고, 소련 연방 내의 공화국이었던 발트 3국은 공식적으로 주권국가로 독립하며 국제적으로도 인정받게 됩니다.

독립한 발트 3국 중 에스토니아와 라트비아는 유사한 정책을 취합니다. 원하는 모든 시민에게 국적을 부여한 리투아니아와 달리, 이 두 나라는 러시아어 사용자(러시아인)들에게 국적을 부여하지 않았습니다. 에스토니아와 라트비아는 전형적인 언어 내셔널리즘 정책을 채택한 것입니다.

에스토니아에서는 러시아어 사용자가 다수를 이루는 지역에서도 러시아어로 표기된 간판조차 허용하지 않았습니다. 관공서에서도 에스토니아어 이외의 언어에 대해서는 철저하게 응대하지 않았습니다. 소련 연방 내에서는 다수파였던 러시아인들이 연방 해체 후에 소수파로 전환된 것입니다. 이렇게 소련의 '지배'에서 벗어난 국가들은 소련 시대와는 다른 국민 서사를 새롭게 만들어가는 출발점을 맞이했습니다.

2002년, 에스토니아에서 작은 사건이 일어납니다. 나치 독일 편에 서서 소련과 싸웠던 에스토니아 병사들의 기념비가 세워진 것입니다. 이는 '망각'되어야 할 소련 지배의 기억을 되살리는 행위였습니다. 기념비 건립은 나치를 찬양하는 사건으로 여겨졌고, 당시 EU 가입을 눈앞에 두고 있던 에스토니아는 나치는 절대악이라는 서유럽적 가치관과 정면으로 충돌하게 되었습니다. 며칠 만에 에스토니아 정부는 이 기념비를 철거합니다. 2004년에도 나치풍 군복을 입은 에스토니아 병사의 부조물이 제작되었지만, 이것 역시 곧바로 철거되었습니다.

그리고 2007년에 '브론즈의 밤'이라는 사건이 일어납니다.

수도 탈린에는 1947년부터 제2차 세계대전 당시의 소련군 전사자 청동상이 세워져 있었습니다. 나치 독일에 대한 승리를 높이 평가하는 동상이었습니다. 앞서 언급했듯이 나치 독일을 물리치고 소련에 의해 '해방'되었다는 시각은 어디까지나 소련의 시각일 뿐, 에스토니아로서는 소련에 '지배'당한 전쟁이었습니다. 따라서, 이 동상은 소련의 지배를 상징하는 것으로, 시내 중심부에 세워져 있다는 사실에 대해 비판의 목소리가 거세진 것은 자연스러운 현상이었습니다.

하지만 러시아어를 사용하는 주민들이나 소련군으로 나치 독일과 싸웠던 에스토니아 사람들에게는 자신들의 정체성을 지지하는 중요한 상징물이었습니다.

결국 2007년에 에스토니아 정부는 동상을 도심에서 교외로 이전하기로 결정합니다. 하지만, 이전을 반대하는 러시아어 사용자들과 경찰 간의 충돌이 벌어지면서 사망자까지 발생하는 대규모 혼란이 벌어졌습니다.

이 사건은 '기념비 전쟁'으로 비유되기도 했습니다. 또한 선거 때마다 동상 이전이 쟁점이 되어 '역사의 정치화'가 가시화되는 상황이 전개됩니다.

소련의 지배를 받았던 발트 3국은 한때 나치 독일에 의해 해방되었지만, 나치 독일이 제2차 세계대전에서 패배하면서 다시 소련에 점령당했습니다. 이런 역사적 사실이 문제가 되는 이유는 **나치 독일의 악행이 상대화되기 때문**입니다.

오히려 나치 독일을 물리치는 데 중심 역할을 한 소련(러시아)이, 나치를 절대악으로 규정하는 EU 공통의 가치에 가깝습니다.

발트 3국이 EU에 가입한 후, 유럽의회에서 자신들이 나치 독일과 소련 두 나라에 지배를 받았던 피해를 경시하지 말고, 역사를 재평가해 줄 것을 서유럽 국가들에 요구했습니다. 요구는 일부 받아들여졌지만, 이에 반발하는 서유럽 국가들의 의원들도 있었습니다.

동일한 역사의 길을 걸어왔더라도 그 기억은 사람마다 국가마다 다를 수 있습니다. 만약 전 세계의 학교에서 동일한 커리큘럼으로 역사를 가르친다고 하더라도, 기억의 차이에 따라 서로 다른 서사가 형성될 것입니다. 그것이 내셔널리즘의 본질이라고 한다면 당연한 현상일지도 모르겠습니다.

이 원고를 집필하던 시기에, 러시아와 발트 3국에 관한 뉴스가 전해졌습니다. 러시아가 우크라이나를 침공한 2022년 이후, 발트 3국에서는 옛 소련 시절의 기념비들이 잇달아 철거되고 있다는 소식이었습니다.

이에 대해 러시아(푸틴)는 "역사적 기억에 대한 모독죄"로 에스토니아의 카리스 대통령을 비롯한 발트 3국의 정부 관계자 수십 명을 지명수배했다고 발표했습니다(2024년 2월). 실제로 체포될 가능성은 낮지만, 역사인식 분쟁이 국내 문제를 넘어 국가 간 분쟁으로 확산되는 현상이 세계 곳곳에서 일어나고 있음을 보여주는 사례입니다.

러시아의 우크라이나 침공은 우크라이나 내 러시아어 사용자들을 보호하기 위한 것이라고 푸틴은 주장하고 있습니다. 발트 3국에도 상당수의 러시아어 사용자들이 거주하고 있어, 러시아가 이들 국가를 침략하는 구실로 삼을 가능성도 존재합니다. 물론 발트 3국은 NATO에 가입되어 있기 때문에 러시아가 쉽게 군사 행동에 나서지는 못하겠지만, 국제정치는 한 치 앞을 내다볼 수 없기 때문에 앞으로의 상황은 아무도 예측할 수 없습니다.

오스트리아의 역사인식을 둘러싼 문제

다음으로 오스트리아의 역사인식 갈등에 대해 살펴보겠습니다. 발트 3국이나 프랑스 등과 달리, 오스트리아에 관해 자세하게 알고 있는 사람은 많지 않습니다. 그래서 조금 자세히 살펴보도록 하겠습니다.

오스트리아-헝가리 이중제국(제3장 참조)은 제1차 세계대전 당시 독일 편에 서서 참전했습니다. 그러나 전쟁 기간 중 식량난과 전황 악화, 여기에 스페인 독감까지 겹쳐 1918년에는 전쟁을 지속하기 어려운 상황에 이르게 되었습니다.

또한 제국 내 여러 민족이 독립운동을 활발히 전개하는 가운데, 오스트리아 의회는 '독일계 오스트리아 국가'를 선언합니다. 합스부르크 가문의 황제도 퇴위를 선언하면서, 오스트리아 공화국(제1공화정)이 시작되었습니다.

오스트리아-헝가리 이중제국은 제1차 세계대전 후 파리강화회의에서 해체가 결정됩니다. 그로 인해 새롭게 형성된 신생 국가들과 그 이후의 전개에 대해서는 제3장에서 다루었습니다.

제국의 해체로 인해 여러 민족이 분리되면서 오스트리아는 독일어를 사용하는 사람들로만 구성되었고, 민족 문제는 일단락된 듯 보였습니다. 다만 독일어 사용자가 많다 보니 많은 사람이 인접 국가인 독일과 하나의 국가로 통합되기를 원했습니다. 오스트리아 지방 자치단체에서는 독일과의 합병 여부를 묻는 주민투표를 독자적으로 실시하기도 했습니다. 그러나 파리강화회의에서 독일과 오스트리아의 합병을 향후 80년 동안 금지하기로 결정했습니다.

불완전한 비나치화

제1공화정 시기의 오스트리아에서는 민족 간의 대립이 해소된 대신 계층 간의 대립이 심화되었습니다. 노동자들의 지지를 받는 좌익 성향의 사회민주당과, 보수 성향의 기독교사회당은 선거 때마다 치열하게 경쟁했고, 양측 모두 무장 자경단까지 동원하면서 시위 도중 사상자가 발생하는 등 극심한 혼란에 빠졌습니다.

1932년에 총리가 된 기독교사회당의 돌푸스는 자경단인 '호국단'을 사실상 국군 지위까지 격상시키고 의회를 폐쇄하며 이탈리아의 무솔리니를 모델로 한 국가 건설을 목표로 했습니다. 이를 오스트로파시즘Austrofaschismus이라고 부릅니다.

1932년은 인접국인 독일에서 나치가 의석을 대폭 늘리며 세력을 확장했고, 이듬해 1월에는 히틀러가 총리 자리에 오릅니다. 이런 상황은 오스트리아에도 영향을 미쳐, 오스트리아 나치당 역시 세력을 키워가기 시작했습니다.

이해하기 힘든 점은, 오스트로파시즘의 지도자 돌푸스는 오스트리아 나치당의 존재를 눈엣가시로 여기며 탄압했다는 사실입니다. '파시즘을 지향한다면 나치와 손을 잡을 것이다' '파시즘 국가들끼리는 당연히 협력할 것이다'라는 식의 단순한 관점으로 국제 정치를 바라보기 쉽지만, 현실은 그렇게 단순하지 않습니다.

끝내 돌푸스는 오스트리아 나치에게 암살당하고, 그의 뒤를 이은 독재자 슈슈니크는 오스트리아의 독립을 유지하려 노력했지만, 1938년에 나치 독일에 의해 흡수 합병됩니다. 이렇게 제1공화정은 막을 내립니다. 오스트리아가 다시 독립하고 제2공화정이

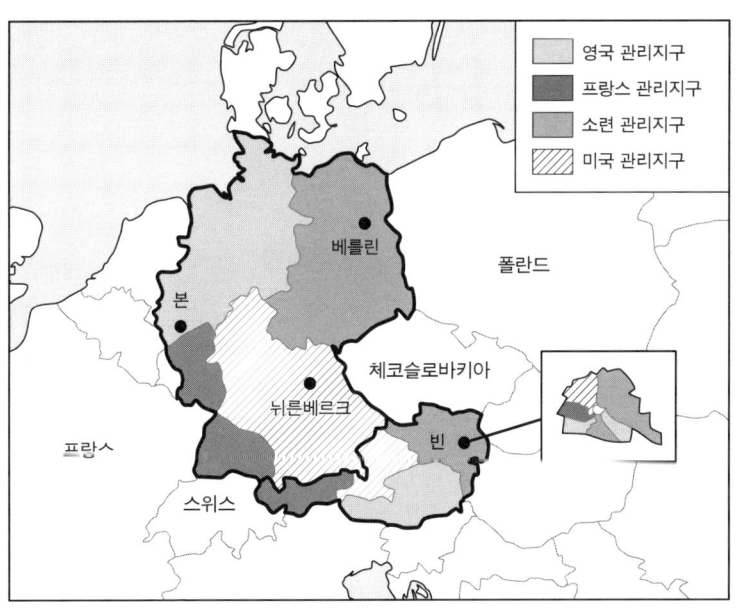

수립된 것은 1945년 제2차 세계대전이 종결된 이후의 일입니다.

제2차 세계대전이 끝나고 오스트리아는 독일과 마찬가지로 미국, 영국, 프랑스, 소련 4개국에 의해 분할 점령(203쪽 지도)되었고, 이런 상황에서 오스트리아 정부는 비나치화 정책을 확립하게 되었습니다.

비나치화 정책에 따라 국민의 10%에 달하는 나치 당원뿐만 아니라 그 가족까지 포함하여 전체 인구의 약 4분의 1이 공직에 임용될 자격을 잃게 되었습니다. 그 결과 국가 운영에 차질이 생겼고, 학교나 하급 관리직을 맡을 인력이 부족해지면서 **비나치화는 온전히 실현되지 못했습니다**.

1955년, 오스트리아는 영구 중립국의 지위를 갖고 정식으로 독립을 이루었습니다. 동일하게 4개국에 의해 분할 점령되었던 독일이 동독과 서독으로 분단된 것과 비교하면, 오스트리아는 상대적으로 행복한 결말을 맞이한 셈입니다.

희생자 내셔널리즘

이제 오스트리아가 이러한 역사를 바탕으로 어떤 서사를 만들어갔는지 살펴보겠습니다.

먼저 '희생자 신화'입니다. 1938년 나치 독일에 강제로 합병되었고, 이후에도 지속적으로 저항했음에도 불구하고, 제2차 세계대전 이후 무려 10년 동안 4개국에 의해 분할 점령을 당했다는 점에서 '왜 이런 고난을 겪어야 했는가' 하는 의문이 제기되었고, 오스트리아는 이러한 시련을 극복하고 다시 일어섰다는 식의 서사가 전개된 것입니다.

그러나 이와 같은 서사 속에는 몇 가지 '망각'한 사실들이 존재합니다. 나치 독일이 1938년에 침공했을 당시, 많은 오스트리아 국민이 환영했다는 점입니다.

게다가 제2차 세계대전 중에는 나치 독일을 모방해 오스트리아에서도 유대인 사냥이 자행되었습니다. 이는 나치 독일의 지배를 받았던 시대를 '망각'한 것이고, 이로 인해 비나치화 역시 온전히 이루어지지 못했습니다.

더 나아가, 나치 독일에 합병되기 이전의 돌푸스 정권은 오스트로파시즘이라는 파시스트 정권이었다는 사실 또한 '망각'했습니다.

1986년, 오스트리아에서 대통령 선거가 치러졌습니다. 이때 출마했던 인물이 유엔 사무총장을 지낸 발트하임Waldheim이었습니다. 그런데 발트하임의 충격적인 스캔들이 폭로됩니다. 제2차 세계대전 당시, 그는 나치 돌격대원이었고 유고슬라비아 전선에서 학살을 지휘했다는 의혹과 함께 증거 사진도 공개되었습니다.

발트하임에 대한 국제적인 반대 여론에도 불구하고, 그는 내정 간섭을 거부하겠다는 듯 선거에서 압승을 거두었습니다. 이는 오스트리아에서 비나치화가 제대로 이루어지지 않았음을 보여주는 사례라고 할 수 있습니다.

그의 대통령 취임식에는 국제사회의 축전조차 없었습니다. 오히려 1988년, 나치 독일에 병합된 지 50주년을 맞아 "나치즘하에서 오스트리아 국민이 저지른 죄과에 대해 사과드리고 싶다"라는 는 발언을 하지 않을 수 없었습니다.

1990년대에 들어서면서 오스트리아가 유대인 박해에 가담했었 다는 사실이 학교 교육에서도 강조되기 시작했습니다. '희생자 신화'에 기반한 국민 서사에 더해, 가해자로서의 반성을 담은 서사 가 공존하게 된 것입니다.

이것을 오스트리아의 역사 교육 현장에서는 '두 가지 진실'이라 고 부른다고 합니다.

'극우' 정당의 부상

오스트리아의 의회 정치에 대해서도 살펴보겠습니다.

제2차 세계대전 이전에 세력을 키웠던 기독교사회당은 국민당 으로 이름을 변경합니다. 그리고 사회민주당은 전후에도 꾸준히 주요 정당으로서의 입지를 유지했습니다. 이 두 정당이 연립 내각 을 구성하며 오스트리아의 의회 정치를 이끌었습니다.

이러한 연립내각을 대연정이라고 부르는데, 두 정당이 전체 의 석의 거의 90%를 차지했기 때문에 야당은 사실상 존재하지 않는 상황이었습니다.

그러나 20세기 말에 들어서면서 신흥 정당들이 각국에서 두각 을 나타내기 시작했습니다. 이러한 현상을 정치학에서는 '해빙解 氷'이라고 부릅니다. 그 배경에는 세계화의 진전에 따른 이민 문제와 같은 새로운 이슈의 등장, 그리고 산업 구조의 변화로 인해 비조직화된 무당파층의 증가 등이 있습니다. 이러한 변화 속에서 **배외적 정책을 주장하는 정당들이 힘을 얻게 되었습니다.**

오스트리아에서도 자유당이 점차 의석을 늘려갔습니다. 특히 당수였던 하이더Haider는 나치 독일의 점령 시기를 긍정적으로 언급해, 국내외에서 '극우' 또는 '네오나치'라는 비판을 받았습니다. 이런 하이더가 이끄는 자유당이 1999년에 의석을 대폭 확대하면서 국민당과 연정을 구성해 정권을 장악했습니다.

이에 대해 EU 국가들은 노골적으로 반감을 표시하며, 외교관을 철수시키거나 EU 정상회의 단체 사진 촬영에서 오스트리아를 배제하는 등 불만을 나타냈습니다. 결국 연립 내각은 단기간에 무너졌지만, 제2차 세계대전 당시 가해 사실을 직시하지 않은 역사인식이 외교적으로도 큰 장애물이 될 수 있다는 점을 오스트리아가 몸소 체험한 사건이었습니다.

'희생자 의식'이 국민 통합으로 이어지는 현상은 제2차 세계대전 이후 일본을 비롯한 여러 나라에서 만들어진 '신화'입니다. 이와 관련해 깊은 성찰을 유도하는 책이《희생자 의식 민족주의: 고통을 경쟁하는 지구적 기억 전쟁》입니다. 이 책은 역사를 배우는 것이 오히려 분쟁을 낳는다고 해서 학습을 회피할 것이 아니라, 화해를 향한 역사 공부란 무엇인지를 고민하게 하는 계기를 제공합니다.

이탈리아의 역사인식을 둘러싼 문제

중학교 시절 역사 수업시간에 '제 2차 세계대전에서 패전한 일본은 도쿄 재판에서, 또 다른 패전국인 독일은 뉘른베르크 재판에서 전쟁 범죄에 대한 처벌을 받았는데, 이탈리아는 왜 심판을 받지 않았을까?'라는 의문을 가졌던 적이 있습니다. 그 당시 저는 이탈리아는 1943년이라는 비교적 이른 시기에 항복한 어리석은 자들이라 심판을 받을 만한 가치가 없었을 것이라는, 근거 없는 답으로 스스로를 이해시켰던 기억이 있습니다.

이제 이탈리아 역사를 살펴보겠습니다. 이탈리아는 제1차 세계대전에서 승전국이 되었지만 획득한 영토는 많지 않았고, 전후 경제 상황도 불안정해 정치적으로 혼란을 겪었습니다. 이러한 혼란 속에서 등장한 세력이 바로 무솔리니가 이끄는 파시스트당이었습니다. 그는 1922년에 정권을 잡았고, 1924년부터 독재를 시작했습니다.

1933년 나치 독일이 일당 독재를 시작했을 무렵, 무솔리니와 히틀러의 관계는 그다지 좋지 않았습니다. 하지만 점차 두 사람은

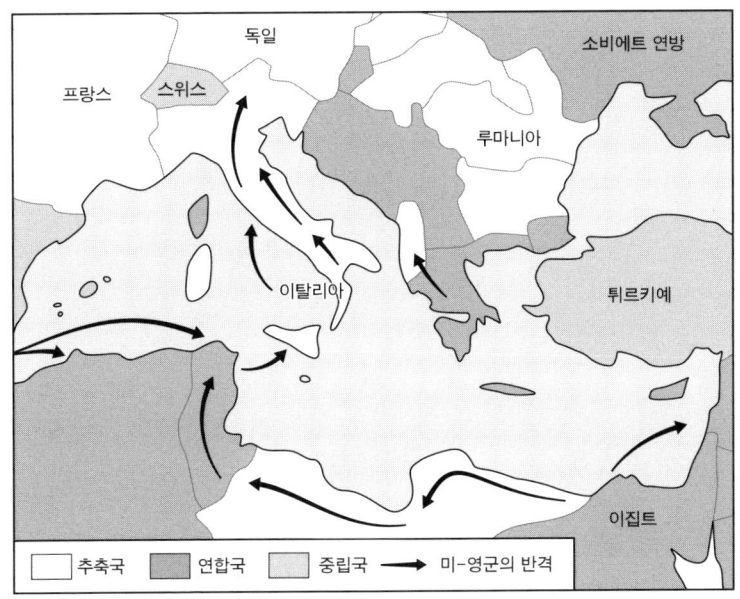

가까워졌고, 무솔리니가 히틀러의 전쟁에 가담하면서 이탈리아도 제2차 세계대전에 뛰어들게 됩니다.

그러나 이탈리아군은 전쟁 초반부터 별다른 성과를 내지 못하고 1943년을 맞이하게 됩니다. 미국과 영국 연합군이 이탈리아 남부에서 반격을 시도했지만, 연합군은 프랑스 상륙작전을 준비하느라 이탈리아 상륙작전에 충분한 병력을 투입하지 않았습니다.

연합군의 이탈리아 본토 공격이 진행되는 동안, 당시 이탈리아 국왕인 비토리오 에마누엘레 3세는 무솔리니에게 총리직 해임을 통보합니다. 무솔리니가 축출된 후, 새롭게 수립된 바돌리오 정권은 연합군에 합류하여 독일과 전쟁을 시작했습니다. 즉, **이탈리아는 제2차 세계대전의 패전국이 아닌, 도중에 배신한 전승국이었다는**

해석이 가능합니다.

한편 도주하던 무솔리니는 히틀러의 도움으로 구출되어 이탈리아 사회공화국(살로 공화국)을 세우고 히틀러와 동맹 관계를 이어갔지만, 1945년 4월 28일 파르티잔(레지스탕스)에게 붙잡혀 처형당했습니다. 그리고 히틀러는 이틀 후인 4월 30일에 스스로 생을 마감했습니다.

역사의 '일탈'

제2차 세계대전 후 이탈리아는 무솔리니에게 모든 권한을 위임했던 국왕을 1946년에 국민투표로 퇴위시키고, 공화정 체제로 전환하여 현재에 이릅니다. 퇴위 찬성은 54%로 매우 근소한 차이였습니다. **이탈리아 국민은 스스로 무솔리니를 처벌하고, 국왕까지 퇴위시켰습니다.** 그러나 이것이 제2차 세계대전 당시의 역사를 '망각'하게 되는 결과로 이어집니다.

근현대사 연구가인 쓰지다 마사노리辻田真佐憲는 유튜브에서 이탈리아 여행담을 전했는데, 무솔리니 저택이 관광명소가 된 것을 보고 "독일에서 히틀러 박물관을 만든다면 절대 용납되지 않을 것"이라고 말했습니다.

이탈리아도 제2차 세계대전에서 군인과 민간인을 포함해 35만 명 이상의 사망자를 냈음에도 불구하고, 전쟁의 기억을 얼마나 '망각'하고 있는지를 잘 보여줍니다.

"모든 역사는 현대사다"라는 유명한 말을 남긴 이탈리아 철학자 베네데토 크로체Benedetto Croce는 제2차 세계대전을 직접 경험한 인물입니다. 그는 무솔리니가 정권을 잡았던 약 20년을 '괄호 안의 시기'라고 표현했습니다.

크로체는 일관되게 무솔리니를 비판했지만, '괄호 안의 시기'라는 표현은 무솔리니 시대를 예외적인 시기로 본 것입니다. 이는 전후 이탈리아 국민이 이 시기를 '망각'하는 서사로 이어지게 됩니다.

또한 제2차 세계대전 직전 이탈리아가 에티오피아에 출병했을 당시, 국제법상 사용이 금지된 독가스를 사용한 사실이 밝혀졌습니다. 제2차 세계대전을 기억하는 사람들이 점점 줄어들면서, 무솔리니 정권을 긍정적으로 평가하거나 독일군에 맞서 지하에서 활동했던 파르티잔 활동을 축소하려는 역사수정주의가 1990년대 이후 이탈리아에서도 확산하고 있습니다.

프랑스의 역사인식을 둘러싼 문제

먼저, 제2차 세계대전 당시 프랑스에서 일어난 일들을 살펴보겠습니다.

1939년 9월 1일 독일이 폴란드를 침공하자, 영국과 프랑스는 폴란드를 방어하기 위해 독일과 전쟁을 벌였고, 이를 계기로 유럽에서 제2차 세계대전이 시작되었다고 보고 있습니다.

폴란드를 순식간에 정복한 독일은 1940년 봄까지 다른 국가들을 침공하지 않았습니다. 전투가 없는 상황이 지속되자, 당시 프랑스에서는 이를 기묘한 전쟁Drole de Guerre이라고 불렀습니다.

그러나 1940년 4월 독일은 북유럽 국가인 덴마크와 노르웨이를 침공하고, 5월에는 프랑스를 향해 대규모 공격을 감행합니다. 제1차 세계대전 당시 독일의 침공을 막아낸 프랑스였지만, 이번에는 비행 공중 공격으로 순식간에 방어선이 뚫리면서 결국 6월에 파리가 함락됩니다.

프랑스 정부는 독일에 휴전을 제안하지만, 당시 육군 차관이었던 샤를 드골은 런던으로 피신하여 망명정부인 '자유 프랑스'를 조직하고, 라디오 방송을 통해 계속 싸울 것을 국민에게 호소했습니다. 이는 프랑스 국민이라면 누구나 기억하는 1940년 6월 18일의 일입니다.

한편, 독일과 휴전한 프랑스 정부는 수도를 비시로 옮기고, 독일과 평화 협정을 체결합니다. 그 조건은 프랑스 북부는 독일이 점령하고, 프랑스 정부(비시 정부라고 부름)는 비시를 수도로 한 남부를 지배한다는 내용이었습니다. 이로써 프랑스의 제3공화정은 막을 내립니다.* 비시 정부의 수장은 제1차 세계대전의 영웅이었던 페탱 Pétain 원수였습니다.

프랑스 각지에서는 독일에 대한 저항(레지스탕스)이 시작됩니다. 전쟁이 점차 독일에 불리하게 전개되자 비시 정부는 독일과 함께 추축국으로 참전하지는 않았지만, 노동력을 제공하는 등 전쟁에 협력하게 됩니다. 이러한 비시 정부의 독일 협력을 콜라보라시옹(콜라보)이라고 부르는데, 이는 협력을 의미하는 일반명사인 동시에, 비시 정부를 지칭하는 고유명사로도 사용됩니다.

1942년 11월 나치 독일은 프랑스 남부에 군대를 보내 프랑스 전역을 점령하게 됩니다. 이때 비시 정부는 독일이 프랑스 함대를 사용하지 못하도록 자발적으로 함선을 침몰시키는 조치를 취하며 전쟁에서 중립적인 입장을 유지하려 했습니다.

---

* 프랑스에서는 공화정 시기를 다음과 같이 구분한다.
   제1공화정: 프랑스 혁명기인 1792년부터 나폴레옹이 황제가 된 1804년까지
   제2공화정: 1848년부터 나폴레옹 3세가 황제가 된 1852년까지
   제3공화정: 나폴레옹 3세가 실각한 1870년부터 1940년까지

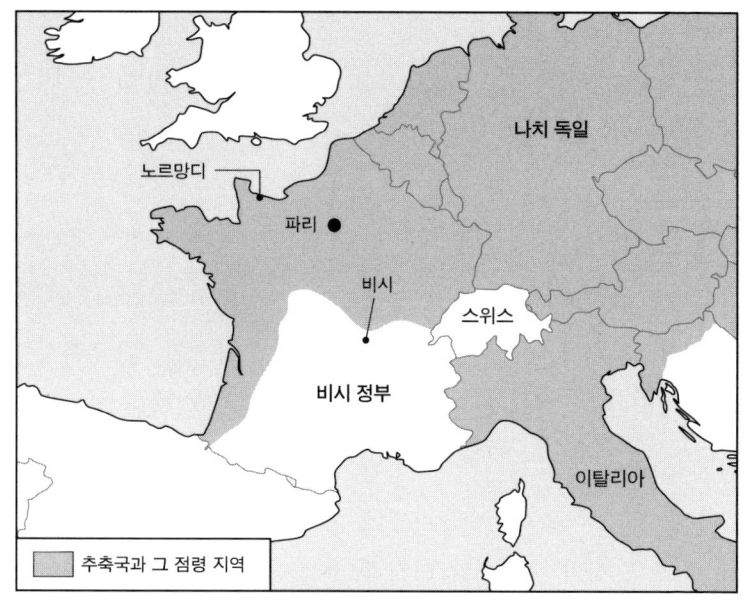

　그러나 1944년 6월 미군의 노르망디 상륙작전으로 독일군은 프랑스에서 점차 철수하였습니다. 그해 8월 파리가 해방되자, 드골은 샹젤리제 거리에서 시민들의 환호를 받으며 퍼레이드를 벌입니다. 그리고 비시 정부를 대신해 드골을 수장으로 한 프랑스 공화국 임시정부가 수립되면서, 제4공화정이 시작됩니다.

왜 승전국 자리에 있는가

　여기까지만 보면 프랑스가 승전국인지 패전국인지 명확한 구분이 어려울 수 있습니다. 이러한 상황은 이탈리아와 유사합니다.

유럽에서의 제2차 세계대전은 1945년 5월에 종결되었습니다. 이는 드골이 이끄는 프랑스 공화국 임시정부가 수립된 지 8개월이나 지난 시점이었습니다. 그사이 세계질서 형성에 큰 영향을 끼친 1945년 2월의 얄타 회담과 7월의 포츠담 회담에 프랑스(드골)는 초대받지 못했습니다.

그럼에도 불구하고 1945년 설립된 유엔에서 프랑스는 거부권을 행사할 수 있는 상임이사국 중 하나로 합류하게 됩니다. 이때 프랑스가 상임이사국 일원이 된 것이 제2차 세계대전에서 승전국이었다는 착각을 불러일으키게 하는데, 그러한 착각을 만들기 위해 무엇을 '망각'하고 어떤 신화가 형성되었는지 살펴보겠습니다.

먼저, 비시 정부의 존재를 철저히 경시합니다. 비시 정부를 나치의 괴뢰 정권으로 간주하고 프랑스의 정통 정부로 인정하지 않습니다. 즉, 프랑스의 정통 정부는 드골이 런던에서 세운 자유 프랑스에 있다고 보는 것입니다.

다음으로 레지스탕스의 역할을 강조합니다. 독일을 물리친 주체는 레지스탕스였으며, 더 나아가 이 레지스탕스는 드골이 직접 지휘했다고 주장하는 것입니다. 레지스탕스를 강조함으로써, 실제로 프랑스를 해방한 주체가 미국 주도의 연합군이었다는 사실을 희석하는 결과를 낳게 됩니다.

또한 프랑스에게는 행운이라고 할 만한 요소가 있었는데, 그것은 영국 수상 처칠의 존재였습니다. 처칠은 전후 미국과 소련의 영향력이 확대될 것을 예견하고, 두 강대국이 국제 정치의 주도권을 가지지 못하도록 프랑스를 전후 질서 형성의 일원으로 편입시키기 위해 미국의 트루먼 대통령과 소련 공산당 지도자 스탈린을 필사적으로 설득했습니다.

그 결과 프랑스는 제2차 세계대전 '승자'로서의 지위를 얻게 되었습니다.

레지스탕스 신화와 비시 정부의 정통성

레지스탕스는 전후 프랑스 국민의 서사의 핵심으로 자리 잡았습니다. 나치 독일과 그들의 괴뢰 정권인 비시 정부에 맞서, 드골의 지휘 아래 모든 국민이 하나가 되어 저항했다는 서사입니다.

하지만 이 서사에는 사실과 다른 부분이 존재합니다. 우선 레지스탕스는 여러 개의 그룹으로 나뉘어 있었으며, 드골도 그중 한 그룹의 지도자였을 뿐입니다. 특히 프랑스 공산당이 주도하던 레지스탕스도 중요한 조직이었습니다. 프랑스 공산당은 '모스크바의 장녀'라고 불릴 정도로 서유럽 각국의 공산당 중에서도 강력한 영향력을 가지고 있었습니다. 프랑스 공산당은 자신들이야말로 나치 독일을 몰아낸 주역이라고 주장하며 이를 선전 자료로 이용했습니다.

드골이 이끄는 레지스탕스와 프랑스 공산당이 이끄는 레지스탕스 중, 어느 쪽이 더 강력하게 저항했는지보다 더 중요한 점이 있습니다. 그것은 과연 전 국민이 저항에 참여했느냐 하는 점입니다.

실제로 레지스탕스에 참여한 사람들은 소수에 불과했고, 대다수의 국민은 동참하지 않았다는 사실이 밝혀졌습니다. 독일의 패배가 확실해지자, 독일과의 콜라보에서 돌변하여 레지스탕스에 가담한 사람들도 있었습니다.

이제 비시 정부가 무너진 이후의 이야기를 살펴보겠습니다. 페탱을 비롯한 일부 비시 정부 지도자들은 재판에서 사형에 처해졌습니다. 독일군과 관계를 맺었던 프랑스 여성들은 머리를 삭발당하고, 하켄크로이츠 모양의 갈고리 십자가에 잘린 머리카락을 달고, 공개적인 수모를 당했습니다. 하지만 비시 정부의 공무원 수백만 명 중 실제로 처벌받은 사람은 1만 명 약간 넘는 수준에 불과했습니다.

오스트리아와 마찬가지로 행정의 연속성을 유지하기 위한 불가피한 선택이었을 수 있습니다. 게다가 1947년 제4공화정 정부가 정식으로 출범하면서 사면이 단행되었고, 이에 따라 독일과 협력했던 이들 대부분이 풀려나게 되었습니다.

이러한 행동은 비시 정부의 존재를 용서하는, 즉 '망각'하는 행위입니다. 비시 정부를 괄호 안에 가두고 프랑스 역사에 하나의 에피소드로 처리하려 했습니다.

하지만 1972년, 미국의 역사학자 로버트 팩스턴Robert Paxton이 《비시 시대의 프랑스: 대독 협력과 국민혁명 1940-1944Vichy France: Old Guard and New Order, 1940-1944》라는 책을 발표하면서 전 세계에 큰 충격을 주었습니다.

그는 비시 정부는 단순히 일부 대독 협력자들을 이용해 독일이 세운 괴뢰 정권이 아닌, 프랑스 정통 정부였다고 주장했습니다. 실제로 당시 많은 민중이 비시 정부를 지지했고 의회에서도 압도적 다수로 페탱에게 전권을 위임하는 결의가 이루어졌습니다. 그뿐만 아니라, **유대인에 대한 홀로코스트를 독일의 강요 없이 자발적으로 실행**한 사실도 밝혀졌습니다.

프랑스 내에서 7만 명 이상의 유대인이 아우슈비츠 수용소로 보내졌고, 그들의 생존율은 5%에 불과했습니다. 이처럼 유대인 학살에 가담한 것에 대해, 시라크 정권과 올랑드 정권이 공식적으로 프랑스 책임을 인정한 바 있습니다.

비시 정부의 존재를 괄호 안에 가두고 망각하고 싶은 이유는, 그만큼 비시 정부의 존재가 트라우마로 남아 있기 때문입니다. 이를 강조한 용어가 '비시 증후군Vichy Syndrome'인데, 이 용어는 앙리 루소Henri Rousseau가 처음 사용했습니다.

독일의 역사인식을 둘러싼 문제

1933년부터 1945년까지 불과 12년 동안 독일을 통치한 아돌프 히틀러와 그가 이끈 나치라는 이름은 아마도 인류 역사에서 영원히 사라지지 않을 것입니다.

제2차 세계대전 이후 독일은 나치와의 관계를 어떻게 다룰 것인지, 국내외적으로 답을 요구받게 됩니다. 어떻게 '과거를 극복'할 것인지가 중요한 과제로 떠오른 것입니다.

독일의 정치교육은 매우 높은 평가를 받고 있습니다. 독일에서는 이를 민주적 시민성 교육이라고 부르며, 1976년에는 **보이텔스바흐 합의**라는 기본 원칙이 정해집니다. 그 원칙은 (1) 강압 금지 (2) 논쟁이 있는 것은 논쟁이 있는 것으로 취급 (3) 학생 개개인의 이해관계 중시, 이 세 가지입니다. 이 원칙은 교사가 교단에서 학생들에게 어떻게 접근할지에 대한 기준을 제시합니다.

정치적 무관심과 무지가 나치즘 확산에 일조했다는 반성에서 출발한 **교육은**, 국가를 위한 동원 수단으로서의 **교육이 아닌**, 학생 개개인의 비판적인 판단 능력을 키우는 자세를 갖추고자 한다는 점에서 매우 훌륭하다고 생각합니다.

독일은 종교 교육도 중시하고 있습니다. 이는 나치에 맞서 미약하게나마 마지막까지 저항한 유일한 세력이 기독교였다고 여기고 있기 때문입니다. 목사이면서 히틀러 암살을 모의한 디트리히 본회퍼Dietrich Bonhoeffer나, '나치가 그들을 덮쳤을 때'라는 시로 유명한 마르틴 니묄러Martin Niemöller를 독일에서는 모르는 사람이 거의 없을 것입니다. '양심'을 기르는 것이 나치즘에 대한 최고의 방파제라는 인식입니다.

사실 이러한 시도가 전쟁 직후부터 바로 시작된 것은 아닙니다. 믿기 어렵겠지만, 독일 국민 대다수가 홀로코스트에 대해 알게 된 것은 1978년 이후였습니다. 미국 TV 드라마 '홀로코스트'가 독일에서 방영되기 전까지, 유대인들이 겪은 끔찍한 일들은 단지 소문으로만 알려져 있었습니다. 독일 정치교육의 지침이 되는 보이텔스바흐 합의가 제정된 것도 1976년의 일입니다.

실제 통계에 따르면, '히틀러를 위대한 지도자로 생각하느냐?'는 질문에 1975년 이전까지는 긍정응답이 30%대 후반을 유지했고, 부정 응답은 40%대 후반에 머물렀습니다. 그러나, 2000년을 기점으로 '그렇다'가 25% 이하로 떨어지고, '아니다'가 70%를 넘어서며 큰 격차를 보였습니다. 이는 전후 (서)독일 국민의 서사가 오랜 시간에 걸쳐 형성되었음을 보여줍니다.

이 서사는 **철저히 나치를 부정하고, 홀로코스트와 같은 일이 다시는 일어나지 않게 하겠다는 것**인데, 그 과정에서 무엇을 '망각'하고 어떠한 서사를 만들어냈는지를 알아보겠습니다.

과거를 반성했는가

전후 독일 서사의 첫 번째 기둥은 나치를 철저히 비판하는 것이었습니다. 하지만 나치가 정확히 누구를 지칭하는지에 대한 정의는 모호합니다.

패전 후 독일의 뉘른베르크 재판에서 유죄 판결을 받은 나치 당원들이 있었습니다. 아돌프 아이히만 같은 나치 고위 관료들은 1960년대에도 체포되어 재판을 받았습니다. 하지만 많은 나치 당원은 전후에도 여전히 평범한 삶을 이어갔습니다.

이는 오스트리아나 프랑스와 마찬가지로, 나치 당원이었던 800만 명 전부를 어떤 형태로든 처벌할 경우, 국가 운영이 불가능해질 수 있기 때문이었습니다.

여기에 냉전이 진행되면서 미국은 독일을 재건하여 소련에 맞서는 전초 기지로 활용하려는 목적도 있었습니다. 미국과 독일 합작으로 형성된 이러한 서사로 인해 일부 사람들만 나치로 심판을 받고, 나머지 독일인의 범죄는 '망각' 되었습니다.

철저한 탈나치화가 이루어지지 않은 채, 나치 일부를 희생양으로 삼고 대다수 독일인은 선량했다는 각본을 미국이 만들어냈다고 볼 수 있습니다. 1950년대 미국 영화 중에는 **나치는 악, 독일인은 선량한 존재**라는 형식의 이분법적 구도로 묘사한 작품들이 있습니다.

참고로 일본 애니메이션 〈우주전함 야마토〉도 이러한 영향을 받았습니다. 데스라 총통에 아첨만 일삼는 게일이라는 기회주의자 부관이, 무사의 도리에 따라 야마토와 정정당당한 전투를 원했던 도멜 장군의 발목을 잡는 모습은 〈우주전함 야마토〉를 본 사람이라면 기억할 것입니다. 이는 그 유명한 '깨끗한 독일 국방군' 신화를 모티브로 하고 있습니다.

하지만, 실제로는 독일 국방군 역시 전쟁 중에 잔혹한 행위를 일삼았고, 무엇보다 독일 국방군과 나치를 어떻게 구분할 것인지조차 불분명합니다. 그런데도 이를 공개적으로 지적하는 일은 전후 독일 국민의 서사를 비판하는 행위로 여겨지기 때문에 숨겨야 했습니다.

전후 독일 서사의 두 번째 기둥은 홀로코스트에 대한 철저한 반성입니다. 나치 독일이 재판을 받은 뉘른베르크 재판에서도, 일본 전범을 심판한 도쿄 재판에서도 전쟁범죄를 A, B, C로 구분했습니다.

A, B, C는 범죄의 경중이 아닌, A급 전범은 침략전쟁을 일으킨 죄, B급 전범은 전장에서 국제법을 위반한 죄(잔혹행위), C급 전범은 인도주의에 반하는 죄(홀로코스트 관련 죄)를 말합니다. 일본에는 유대인 학살이 없었기 때문에 C급 전범이 존재하지 않습니다.

여기서 독일이 취한 전략은 C급, 즉 **홀로코스트에 대한 죄를 스스로 인정하고 반성하는 것을 강조하여, A급과 B급에 대한 죄는 뒷전으로 밀어내자는 전략**이었습니다. 전쟁을 일으킨 것도, 전쟁에서 벌어진 끔찍한 행위를 명령한 것도, 책임은 오직 히틀러와 그 측근들뿐이라는 식으로, 대다수의 독일인에게는 면죄부를 부여하려 했습니다.

유대인에 대한 홀로코스트 반성으로, 서독은 제2차 세계대전 이후 성립된 유대인 국가 이스라엘에 사과했습니다. 하지만, 그 이면에는 이스라엘에 무기를 수출하여 경제적 부흥을 꾀하려는 전략이 있었다는 것도 밝혀졌습니다.

일본은 독일과 달리 무기 수출을 매우 억제하는 태도를 보이고 있는 반면, 독일은 우크라이나 전쟁에 무기를 제공하는 등, 무기 수출에 있어 일본과 같은 원칙이 없습니다.

이러한 사실을 알지 못한다면 독일이 제2차 세계대전의 책임을 지고 사과와 보상을 완수했다고 착각할 수 있습니다.

또한 인도주의에 반하는 범죄에 대해서는 사죄하고 유대인에게 보상했지만, 유대인 아닌 이들에게는 보상이 이루어지지 않았습니다. 냉전 종식 이후 독일은 폴란드, 체코와 화해하고 기금을 조성하여 보상을 추진했으나, 보상 수준은 미미했습니다. 제2차 세계대전의 보상도 이러한 한계 내에서 진행된 것을 보면, 과거 독일의 식민지 지배에 대한 보상 문제는 더 이상 언급할 필요도 없을 것 같습니다.

독일은 제1차 세계대전으로 모든 식민지를 상실했습니다. 제1장과 제2장에서 언급한 나미비아와 르완다 등이 독일의 식민지였습니다. 나미비아는 오랫동안 독일 식민지배하에서 벌어진 학살 행위(헤레로-나마의 저항 진압)에 대한 보상을 독일 정부에 요구해 왔습니다. 2021년에 독일 정부는 학살 사실을 인정하고, 11억 유로에 달하는 복구 지원을 약속했지만, 이는 어디까지나 복구 지원일 뿐 보상은 아니었습니다.

1905년 탄자니아 마지막 반란 진압 과정에서 많은 사망자가 발생한 것에 대해서도 2023년에 사과는 했으나, 여전히 배상은 응하지 않고 있습니다.

역사가 논쟁

전후 독일에서는 히틀러를 둘러싼 논쟁이 끊이지 않고 있습니다. 그중 하나가 1960년대에 벌어진 피셔 논쟁입니다. 함부르크 대학 교수였던 역사가 프리츠 피셔Fritz Fischer가 저술한 서적《세계 패권을 향한 독일의 도전Griff nach der Weltmacht》을 둘러싼 논쟁이었습니다. 논쟁의 핵심은 두 가지로, 제1차 세계대전의 전쟁 책임과 히틀러가 정권을 잡게 된 배경이었습니다.

첫 번째 제1차 세계대전의 책임 문제에 대해, 당시 일반적인 인식은 제1차 세계대전은 사라예보 사건을 기점으로 유럽 국가들이 연루되면서 전쟁이 확대된 결과일 뿐, 전쟁 발발의 책임을 특정 국가에 있다고 단정 지을 수 없다는 것이었습니다.

두 번째 히틀러와 관련해서는, 제1차 세계대전 후 베르사유 조약이 독일에 지나치게 가혹한 제재를 가하면서 독일의 국민적 반감을 샀고, 그것이 나치의 등장으로 이어졌다는 것이 당시의 일반적인 해석이었습니다.

하지만, 피셔는 이러한 시각에 이의를 제기했습니다. 제1차 세계대전 발발에 대해서는 독일에 명백한 책임이 있다고 주장하며,

다수의 역사자료를 바탕으로 당시 독일의 정치인과 군인뿐만 아니라 지식인, 대기업, 관료 등 사회의 핵심 계층이 전쟁을 원했다고 밝혔습니다.

또한 히틀러 등장 배경에 대해서는 제1차 세계대전 이전까지 거슬러 올라가, 적극적으로 식민지 확장을 노렸던 빌헬름 2세의 통치 시기부터라고 설명했습니다.

쉽게 말해, 독일은 세계 제패를 목표로 제1차 세계대전을 일으켰고, 한 차례의 실패 이후 히틀러가 그 야망을 계승하여 제2차 세계대전을 일으켰다는 주장입니다. 이 논쟁이 역사학 발전에 기여했는지에 대한 여부는 논외로 두고, 거센 파장을 일으킨 이유는 나치의 악행을 비판하는 역사적 관점을 상대화했다는 데에 있었습니다.

피셔의 주장은 독일이라는 국가 자체가 이미 나치 이전부터 잘못된 방향을 지향하고 있었으며, 나치는 그 연장선상에서 등장한 결과라는 것이었습니다. 나치도 물론 악했지만, 그보다 독일이 훨씬 이전부터 근본적인 악을 품고 있었다는 해석입니다. **전후 독일 국민들의 서사는, 나치는 인류 역사상 비교 불가능한 최악의 악이며 독일인들은 그저 나치에 속아 넘어간 것이라는 내용이었기 때문에** 이 논쟁은 단순한 학술적 논쟁에 그치지 않았습니다.

1980년대에도 큰 논쟁이 있었습니다. 1986년 철학자 에른스트 놀테Ernst Nolte가 〈없어지지 않을 과거〉라는 논설을 발표하자, 철학자 위르겐 하버마스Jürgen Habermas가 비판했고, 다른 역사가들까지 가세하면서 **역사가 논쟁**이 시작되었습니다.

> **역사가 논쟁의 쟁점 (《없어지지 않을 과거》에서 발췌)**
>
> ❶ 역사는 의미를 제공하거나 정체성의 주체가 되어야 하는가
> ❷ 역사가 정치적 논쟁의 도구로 악용되고 있는 것은 아닌가
> ❸ 독일연방공화국은 어떤 자기 이해와 역사 이미지를 가져야 하는가
> ❹ 우리가 추구하는 것은 헌법애국주의인가, 국민애국주의인가
> ❺ 나치 시대의 죄악은 유일무이한 것인가, 아니면 다른 학살과 비교 가능한 것인가
> ❻ 역사학은 '역사화'되어야 하는가, '도덕화'되어야 하는가
> ❼ 나치의 죄악과 스탈린주의의 죄악 사이에 '인과적 관련'이 존재하는가
> ❽ 독일은 1945년에 해방되었는가

이 논쟁에 가담한 학자들의 논문만 1,000여 편 이상이며, 논쟁의 쟁점도 다양했습니다. 이 시기는 앞서 언급한 바와 같이 독일 사회에서 홀로코스트에 대한 인식이 깊어지고 있었던 시기였기 때문에 논쟁은 3년 가까이 이어졌습니다.

놀테는 나치의 죄는 유일무이한 것인가, 아니면 스탈린 시대의 소련이 저지른 대량학살이나 캄보디아의 폴 포트가 저지른 대량학살과 비교 가능한가라는 질문을 던졌습니다. 나아가 히틀러의 홀로코스트는 스탈린의 '수용소 군도'*를 단순히 모방한 것이라고 주장했습니다. 이에 대해 하버마스는 정면으로 비난합니다.

---

* 소련의 강제수용소를 세계에 알린 알렉산드르 솔제니친Aleksandr Solzhenitsyn의 《수용소 군도》를 읽어보길 바란다.

하버마스는 놀테를 비롯한 이들을 역사수정주의자라고 불렀습니다. 논쟁 자체는 하버마스가 승리한 듯 보였지만, 장기적으로 보면 하버마스가 패배했다고 볼 수도 있습니다.

왜냐하면 이후에도 나치의 악행을 상대화하는 시도가 끊임없이 등장했기 때문입니다.

골드하겐 논쟁

1990년 동서독 통일 이후에도 논란이 있었습니다. 골드하겐 논쟁입니다. 1996년, 미국의 홀로코스트 연구자인 대니얼 골드하겐Daniel Goldhagen이 저술한《보통 독일인과 홀로코스트: 히틀러의 자발적 사형집행자들Hitler's Willing Executioners: Ordinary Germans and the Holocaust》을 둘러싼 논쟁이었습니다.

이 논문의 내용은, **독일인들은 본질적으로 반유대주의적이어서 자발적으로 유대인을 학살했다**는 것입니다. 즉, 나치는 악이지만 대부분의 독일인은 선량했으며 단지 속아 넘어갔을 뿐이라는 기존의 서사를 정면으로 부정한 내용이었습니다. 이 주장은 동서독 통일을 통해 '과거를 극복한 자신감 넘치는 국민'이 되었다는 분위기에 찬물을 끼얹는 모양새가 되어, 커다란 논쟁을 일으켰습니다.

흥미로운 점은 골드하겐이 독일에서 강연할 당시, 전쟁 경험이 없는 젊은 세대들에게 환영을 받았다는 사실입니다. 전쟁을 겪지 않은 세대가 사회의 주류가 된 상황에서, 언뜻 보기에는 독일인

전체를 부정하는 듯한 골드하겐의 주장을 독일인들이 받아들였다는 점은 주목할 만합니다. 이는 일본에서 흔히 말하는 '자학사관' 시각과 유사하다고 볼 수 있습니다.

《독일 전쟁 책임 논쟁: 독일 '재'통일과 나치즘의 '과거'Wessen Schuld?: Vom Historikerstreit zur Goldhagen-Kontroverse》를 저술한 볼프강 비퍼만Wolfgang Wippermann은 골드하겐이 피해 대상을 유대인으로만 한정하고 있다는 점, 즉 로마(집시)민족을 비롯한 장애인과 동성애자 등 나치 피해자의 다양성에 눈을 돌리지 않았다는 점을 비판했습니다. 그럼에도 비퍼만은 골드하겐의 주장을 전반적으로 지지했습니다. 이는 골드하겐이 역사수정주의적 사고방식을 채택하지 않았기 때문입니다.

비퍼만이 평가하는 첫 번째 지점은, 골드하겐이 나치를 논할 때 다른 정치체제와 비교하지 않았다는 부분입니다.

역사가 논쟁 당시, 놀테는 나치 체제를 스탈린 체제와 비교하려 했고, 이후 동독과 나치를 비교하려는 시도가 독일 역사가들 사이에서 나타나기 시작했습니다. **비교를 통해 나치의 범죄를 축소하려는 정치적 의도가 역사수정주의입니다.** 하지만 골드하겐은 이러한 논쟁에 전혀 관여하지 않았고, 비퍼만은 이 점을 높이 평가했습니다.

또한 비퍼만은 '비극의 중간 위치론'에 대해서도 골드하겐이 언급하지 않았던 점을 평가했습니다. '비극의 중간 위치론'이란, 독일이 유럽의 중앙에 위치하여 주변 여러 나라에 둘러싸여 있기 때문에 전쟁을 하지 않으면 국가 안전을 유지할 수 없다는 이론으로, 독일이 전쟁을 일으킨 이유를 지리적 문제로 설명하는 터무니

없는 이론입니다.

이 터무니없는 이론이 바로 **지정학이라는 사이비과학입니다**. '학學'이라는 이름이 붙어 있지만 지정학은 대국 중심주의에 기반한 단순한 이데올로기에 불과합니다. 독일에서는 과거 범죄에 대한 면죄부를 제공하는 것뿐만 아니라, 동서독 통일 이후 독일의 유럽 내 영향력 증대를 정당화하기 위한 시도로 여겨집니다. 신뢰할 수 있는 학자들은 이러한 이데올로기를 거론하지 않습니다. 비퍼만 역시 터무니없는 이론에 전혀 기대지 않은 골드하겐의 태도를 높이 평가했습니다.

세 번째는 골드하겐이 '양비론＝상쇄론'을 언급하지 않았다는 점입니다. 상쇄론이란, 제2차 세계대전의 책임이 히틀러에게만 있는 것이 아니라는 주장입니다.

1941년 독일이 소련을 공격하면서 시작된 독소전쟁과 관련하여, 스탈린이 공격을 준비하고 있었기 때문에, 독일은 이를 '선제제압'하기 위해 예방전쟁을 벌였다는 또 다른 터무니없는 주장이 제기됩니다. 이같은 주장은 점차 확대되어, 미국 대통령 프랭클린 루스벨트가 유럽 국가들을 전쟁으로 몰고 갔다는 설까지 제기되기도 했습니다. 골드하겐은 이러한 주장에 대해 언급할 가치조차 없다고 일축했습니다.

마지막으로 골드하겐이 근대화를 통한 상대화 시도에 대해서도 일절 언급하지 않았다는 점을 높이 평가했습니다.

근대화를 통한 상대화 시도란 '**나치도 좋은 일을 했다는 주장**'을 의미합니다. 나치 덕분에 경제가 회복되었다, 나치는 노동자의 편이었다. 나치는 환경 보호에 적극적이었다. 이런 식으로 나치의 범죄를 상대화하려는 시도입니다. 골드하겐은 이러한 주장에 대해서도 전혀 다루지 않았습니다.

비퍼만은 전후 독일 국민의 서사를 무조건적으로 집착하지 않았습니다. 오히려 그러한 서사를 더욱 깊이 들여다보는 것이 '과거의 극복'으로 이어진다고 믿으며, 골드하겐을 지지하는 태도를 보였습니다.

이상으로, 전후 독일에서 벌어진 역사인식 갈등에 대해 정리해 보았습니다. 설명이 길어진 이유는 이러한 역사수정주의적 주장들이 독일에만 국한된 것이 아니기 때문입니다. 앞서 언급한 네 가지 논점 역시 일본에도 알게 모르게 유입되어 일본식으로 변형된 형태로 나타나고 있는 것이 오늘날의 현상입니다.

아우슈비츠에 비하면 난징 사건은 규모가 작다, 일본은 전쟁을 원하지 않았지만 어쩔 수 없이 휘말리게 되었다, 일본의 대륙 진출은 지정학적으로 불가피했다는 식의 주장이 바로 그것입니다.

제5장에서 이민 문제를 둘러싼 분쟁에 대해 다룰 예정인데, 반이민 주장 역시 세계 각지에서 유사한 양상으로 나타나고 있습니다. 저는 이러한 흐름을 글로벌 넷우익(인터넷과 우익의 합성어) 행동양식이라고 부르고자 합니다.

마지막으로, 제2차 세계대전 이후 독일은 동독과 서독으로 분단되었는데, 흥미롭게도 동독은 서독과는 완전히 다른 방식으로 '과거'에 접근했습니다.

마르크스주의 관점에서 나치즘은 자본주의가 낳은 부산물일 뿐이며, 따라서 자본주의를 극복하고 사회주의로 나아가는 동독에서는 나치즘이 존재하지 않았고, 동독은 나치즘과 무관하다는 태도를 보였습니다. 마르크스주의를 충분히 이해하지 않으면 궤변처럼 들릴 수 있는 논리입니다. 게다가 동독은 독일 국가의 계승자가 아니므로 전후 배상이나 보상 요구에 응할 필요가 없다는 입장이었습니다.

1990년 동서독 통일 시기부터 독일에서는 네오나치와 극우라고 불리는 세력이 부상하기 시작했는데, 특히 구 동독 지역에서 그들의 인기가 높은 것을 보면, 교육이 어느 정도 성과를 낸 것 같다는 생각이 듭니다.

그럼, 제4장을 정리해 보겠습니다.

전쟁은 단순히 승자와 패자로 나눌 수 있는 것이 아닙니다. 한 나라의 국민이 적과 아군으로 나뉘기도 하고, 피해자이면서 동시에 가해자일 수도 있는, 이분법으로는 구분할 수 없는 상황에 놓이기도 합니다.

개인 역시 고통스러운 기억을 반복해서 되새기면 앞으로 나아가기 어려워, 힘든 기억을 '망각'함으로써 앞으로 나아가려고 합니다. 마찬가지로 국민이라는 공동체 역시 무언가의 망각을 통해 집단적 기억을 형성해 갑니다.

하지만 세대 교체나 외부의 자극으로 망각한 과거가 다시 수년 위로 떠오르게 되면, 인접국들과 역사인식을 둘러싼 대립이 생깁니다. 동시에, 제1장에서도 언급했듯이 20세기 후반 이후 정치는 가치 분배 중심으로 변화하였고, 그에 따라 국내에서도 역사인식을 둘러싼 대립이 발생하게 됩니다.

특히 인터넷의 발달로 해외 정보를 쉽게 접할 수 있게 되면서, 한 국가의 집단적 기억이 전 세계에 공유되면 갈등은 더욱 깊어집니다.

인간은 누구나 태어나고 자라면서 다양한 경험을 통해 정체성을 형성해 나갑니다. 이 정체성은 주변의 인정과 자기애를 기반으로 형성되지만, 여러 가지 이유로 개인의 정체성이 형성되지 못한 경우, **정체성의 원천을 과도한 애국심에서 찾으려고 하는 경향**이 나타납니다. 새뮤얼 존슨Samuel Johnson이 말한 '애국주의는 불손한 자들의 마지막 도피처'가 그것입니다.

기술의 발전으로 우리는 사람과 사람 사이의 관계(공동성) 없이도 시장(돈)과 행정(국가 지원)을 통해 살아갈 수 있게 되었습니다. 그러나 이러한 변화는 개인의 정체성을 지탱하던 기반을 약화시키고, 결국 국민이 공유하는 기억을 가진 국민국가에 정체성을 의지하게 됩니다. 그 결과, 공통의 기억을 과도하게 '망각'하고 '창작'하려는 역사수정주의가 확산되는 것입니다.

역사를 둘러싼 분쟁은 어느 나라에서나 존재하지만, 특히 제2차 세계대전의 영향을 심각하게 받은 국가일수록 두드러집니다. 물론 일본도 예외는 아닙니다. '망각'과 '신화'를 키워드로 제2차 세계대전 이후의 일본 역사가 오늘날까지 어떤 행보를 보여 왔는지를 되짚어 보는 일은, 전후 일본인의 정신사를 그리는 작업과 맞닿아 있습니다.

제5장
'민주주의' VS '권위주의'

⚠️

　제1장 마지막에 '가치의 분배'를 둘러싼 정치가 국내 분열을 초래한다고 이야기했습니다. 하지만, 그보다 더 큰 위기감을 불러일으키는 것은 민주주의의 퇴행 현상(백슬라이딩)입니다. 백슬라이딩이란 뒤로 물러나는 현상을 의미입니다.

　국민국가는 민주주의의 발전과 함께 형성되어 왔습니다. 그렇다면 민주주의가 쇠퇴하게 되면 국민국가 역시 변질될 것인가? 아니면 민주주의가 후퇴하더라도 국민국가는 유지될 수 있을까? EU와 같이 민주주의를 유지하면서 국민국가를 상대화하려는 움직임도 존재합니다. 이처럼 주권국가 체제와 국민국가 체제가 기로에 서 있는 현 상황에서 민주주의와 관련된 문제들을 지금부터 살펴보겠습니다.

민주화의 세 가지 물결

《문명의 충돌》로 유명한 미국 정치학자 새뮤얼 헌팅턴Samuel Huntington의 《제3의 물결: 20세기 후반의 민주화》라는 저서가 있습니다. 헌팅턴은 정치학자로서 비민주적인 정치제도가 어떻게 민주적인 정치제도로 전환되는지 논증하기 위해 역사를 탐구하고, 그 과정에서 민주화의 세 가지 큰 물결을 제시하였습니다.

우선 제1의 물결로 1828년부터 1926년까지를 제시합니다. 이는 미국 독립전쟁과 프랑스 혁명을 기점으로, 유럽에서 아메리카 대륙에 이르기까지 민주화가 확산한 시기입니다.

제1장에서도 언급한 것처럼 본격적인 민주화가 진행된 시기로, 1848년 이후 유럽 각국에서 헌법 제정과 의회 구성이 이루어졌으며, 남성의 선거권이 확산하였을 뿐만 아니라 제1차 세계대전을 거치면서 여성 참정권도 여러 국가에서 채택되었습니다.

여기서 첫 번째 반동이 발생합니다. 제2차 세계대전이 발발하기 전, 이탈리아에서는 파시스트당이 집권하였고, 1933년에는 나치가 독일에서 정권을 잡았으며, 일본에서는 의회 정치가 기능을 상실한 것이 그 예입니다.

제2의 물결은 1943년부터 1962년까지를 꼽습니다. 이탈리아가 제2차 세계대전에서 가장 먼저 이탈하고, 1945년 종전 이후 독일과 일본에서 민주화의 움직임이 다시 나타납니다. 그뿐만 아니라, 탈식민지화 흐름을 타고 독립한 아시아와 아프리카의 신흥 독립국가에도 민주주의적 제도가 도입되었습니다.

그러나 1960년경부터 제2의 물결의 반동이 일어납니다. 아시아와 라틴아메리카에서는 정치의 민주화보다 경제 성장을 우선시하는 '개발독재'라는 정치체제가 확산되었습니다.

그리고 1974년부터 제3의 물결이 시작됩니다. 1974년에 포르투갈에서 카네이션 혁명이 일어나, 1930년대부터 이어져 온 독재정권이 무너지게 됩니다.

1975년에는 스페인에서도 1930년대부터 독재를 이어온 프랑코 정권이 붕괴하고, 이 물결은 라틴아메리카로 넘어갑니다. 아르헨티나, 칠레, 페루를 시작으로 많은 나라가 군정에서 민정으로 정권을 이양했습니다.

그리고 이 물결은 태평양을 건너 동아시아, 동남아시아까지 퍼져 나갑니다. 한국에서는 1980년대 전두환 대통령을 끝으로 군사정권이 종식되고, 노태우 정권부터는 국민이 직접선거를 통해 대통령을 선출하게 됩니다. 대만에서도 국민당의 일당 지배가 끝나고, 필리핀에서도 마르코스 대통령의 장기 십권이 막을 내립니다.

그리고 1980년대 말부터는 공산당 일당 독재를 유지하던 소련과 동유럽에도 민주화의 물결이 밀려왔고, 놀랍게도 제3의 물결은 지구를 한 바퀴 돌게 됩니다.

　헌팅턴이 이 책을 집필한 당시에는 제3의 물결이 한창 진행 중이었기 때문에, 그 이후의 동향에 대해서는 다루지 않았습니다. 그렇다면, 이제 제3의 물결 이후의 동향에 대해 살펴보겠습니다.

색깔 혁명

소련에서 독립한 신흥국들이 독립 후 혼란을 극복하고 안정으로 나아가는 과정에서 일어난 민중 주도의 정권교체를 '색깔 혁명'이라고 부릅니다. 정권교체를 추구하는 사람들이 꽃을 운동의 상징으로 삼았기 때문입니다. 물론 모든 지역의 운동이 꽃을 상징으로 삼았던 것은 아닙니다.

제3장에서 언급한 유고슬라비아 해체 후, 분쟁으로 민주화가 불가능할 정도로 혼란스러웠던 세르비아와 크로아티아에서는 2000년에 비폭력 정권교체가 이루어졌습니다.

그 외에도 옛 공산권인 조지아(그루지야)에서는 2003년 장미 혁명이, 우크라이나에서는 2004년 오렌지 혁명이, 그리고 키르기스스탄에서는 2005년 튤립 혁명이 일어났습니다. 이들 모두 옛 공산권에서 발생한 색깔 혁명입니다.

이 색깔 혁명은 2011년에 중동 전역으로 확산되었습니다. 이를 '아랍의 봄'이라고 부릅니다.

운동이 확산하는 과정에서 페이스북Facebook이 중요한 역할을

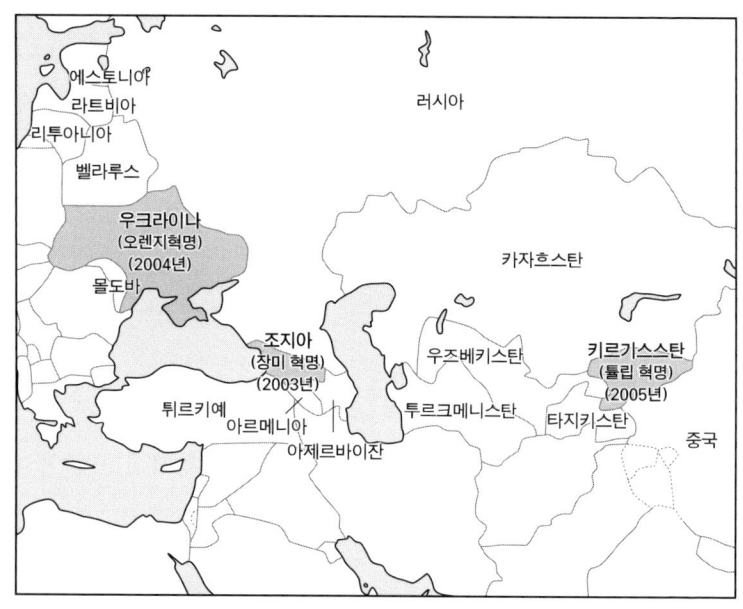

한 점이 부각되었지만, 사실 이슬람에서는 공동 예배가 신도들에게 의무화되어 있기 때문에, 유럽적 가치로서의 민주화보다는 이슬람주의로 운동이 확산된 측면이 있습니다. 특히 폭력을 동반한 내전으로 이어졌다는 점에서 옛 공산권의 색깔 혁명과 다른 성격을 지닌다는 시각도 존재합니다. 그럼에도 1980년대부터 이어진 장기 독재 정권들이 무너진 것은 분명한 사실입니다.

'아랍의 봄'은 2010년 튀니지의 재스민 혁명에서 시작되었습니다. 높은 실업률로 촉발된 시위를 정부가 진압하는 과정에서 충돌이 일어났고, 그 결과 사망자가 발생하기도 했지만, 오랜 독재 정권을 무너뜨리는 데는 성공했습니다.

재스민 혁명을 시작으로 2012년까지 중동 각지에서 정권 비판

운동이 일어납니다. 요르단, 이집트, 그리고 리비아까지.

이집트에서는 30년간 집권했던 무바라크 정권이 무너졌고, 리비아에서는 격렬한 내전 끝에 NATO의 개입으로 40년간 독재를 이어온 카다피 정권이 막을 내렸습니다.

정권교체에는 이르지 못했지만 대규모 반정부 운동이 일어난 국가들, 또는 정부 스스로 개혁을 추진하여 반정부 운동을 진정시킨 국가들까지 포함하면 '아랍의 봄'은 중동 전역으로 확산되었다고 볼 수 있습니다.

하지만 '아랍의 봄'은 성공했다고 보기 어렵습니다. 튀니지를 제외한 대부분의 국가는 민주화가 정착되기는커녕 '아랍의 겨울'이라고 불리는 좌절을 경험하게 됩니다.

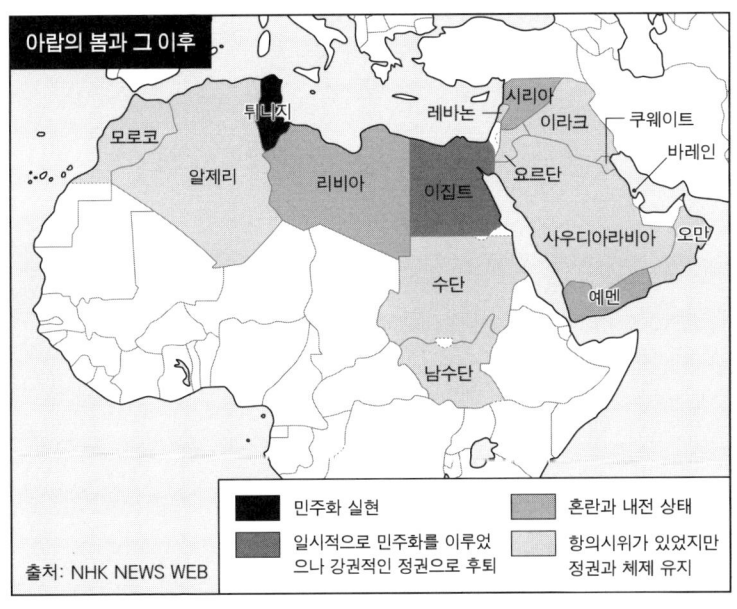

20세기 말부터 민주화가 진행된 국가들도 있었지만, 민주정치에서 권위주의 체제로 되돌아간 국가들도 있었습니다. 이들의 수를 비교했을 때 결과적으로 민주화된 국가의 수가 줄었다면, 변화의 물결은 멈춘 것으로 봐야 할 것입니다.

결국, 제3의 물결은 1990년대 말에는 종료되었다고 할 수 있습니다. 미국의 정치학자 래리 다이아몬드Larry Diamond는 21세기 이후를 '민주주의의 불황'이라고 표현했고, '불황'이라기보다는 오히려 '제3의 물결의 후퇴'로 보는 것이 적절하다고도 지적했습니다.

기로에 선 민주주의

　지금까지 민주화라는 단어를 거의 설명하지 않았습니다. 제1의 물결 시대에는 단순히 의회정치와 법치주의(헌법정치)라는 외형적인 제도가 채택되면 민주화가 달성된 것으로 간주되었습니다. 하지만, 제2의 물결 무렵부터는 어느 국가나 헌법과 의회가 존재하는 것이 당연시되었기 때문에, 내실이 중요하게 여겨지기 시작했습니다.

　그때 자주 사용되는 지표가 미국에 본부를 둔 프리덤하우스라는 NGO 단체의 지표입니다. 프리덤하우스는 나치 독일에 대항하기 위해 설립된 단체로, 매년 보고서를 발표합니다. 이 단체는 '정치적 자유도'를 자유롭고 공정한 보통선거, 공직 출마 기회 등으로 수치화하고, 또한 '시민적 자유'를 표현의 자유, 결사의 자유 등의 수치로 환산하여 발표하고 있습니다.

　민주주의란 무엇인가에 대해서는 많은 사람들이 논의해 왔고 지금도 논의가 계속되고 있습니다. 대체로 이러한 주장은 사람에 따라 이미지와 정의가 크게 달라집니다. 영국의 철학자 월터 갈리

Walter Bryce Gallie가 말한 것처럼 '**본질적으로 논쟁적인 개념**essentially contested concept'이기 때문입니다.

물론 권위주의라는 개념 역시 '본질적으로 논쟁적인 개념'입니다. 파시즘, 전체주의, 공산당의 일당독재, 군부독재 등의 개념 차이에 대해 논하기 시작하면, 논의는 본래의 주제에서 벗어나 복잡한 방향으로 흐르게 됩니다. 따라서 본격적인 논의를 위해서는 어떠한 형태로든 정의를 내려야만 논의가 본론으로 넘어갈 수 있습니다.

헌팅턴은 분석을 위해 의도적으로 이분법적 접근을 취하고 있습니다.

"전체주의와 권위주의 사이의 이러한 구분은 20세기 정치를 이해하는 데 필수적이다. 그러나 비민주적이라는 용어의 반복된 사용에서 의미의 혼돈을 피하기 위해 본 연구는 모든 비민주적 체제에 대해 "권위주의적"이라는 용어를 사용한다. 비민주적 혹은 권위주의 정권의 특수한 형태는 일당체제, 전체주의 체제, 개인체제, 군부체제 등으로 언급할 것이다."

《제3의 물결》 중에서

경험적 연구(정책과학)로서의 민주주의와, (규범적)정치이론으로서의 민주주의를 구분하는 사고방식입니다.

우선 민주주의가 무엇인지 정의해야 하는데, 정책과학으로서 민주주의와 권위주의라는 정치체제를 분석하기 위해 자주 사용되는 것이 조지프 슘페터Joseph Schumpeter와 로버트 달Robert Dahl의 개념입니다.

슘페터는 보통선거, 후보 간의 자유경쟁, 그리고 공평하고 공정하게 정기적으로 실시되는 선거를 민주주의의 조건으로 삼고 있습니다. 달 역시 다른 표현으로 공적 이의제기(슘페터가 말하는 자유경쟁)와 포용성(공평하고 공정한 보통선거)이라는 요소로 구성된다고 말합니다. 이를 바탕으로 네 가지 기준으로 분류한 것이 《민주주의를 가장한 권위주의: 세계화되는 선거 독재와 그 논리民主主義を装う権威 主義: 世界化する選挙独裁とその論理》에 아래와 같이 소개되어 있습니다.

(1) 집행부의 수장이 직접적(대통령제의 경우) 혹은 간접적(의원내각제의 경우)으로 선거에 의해 선출되며, 유권자에게 직접(대통령제의 경우) 혹은 의회에 대해(의원내각제의 경우) 책임을 진다.
(2) 선거 경쟁에 야당을 포함한 복수 정당이 참여한다.
(3) 선거 경쟁이 공정하다.
(4) 성인 남성의 절반 이상이 참정권을 가진다.

《민주주의를 가장한 권위주의》 중에서

이 조건 중 하나라도 결여되었다면 권위주의 체제로 간주합니다. 그리고 이 네 가지 조건이 전부 다 결여된 경우를 '**선거 없는 독재체제**'(중국, 사우디아라비아), (1)은 이루어지고 있으나 (2)가 결여된 경우를 '**폐쇄적 독재체제**'(옛 소련, 북한 등 사회주의 국가), (1)

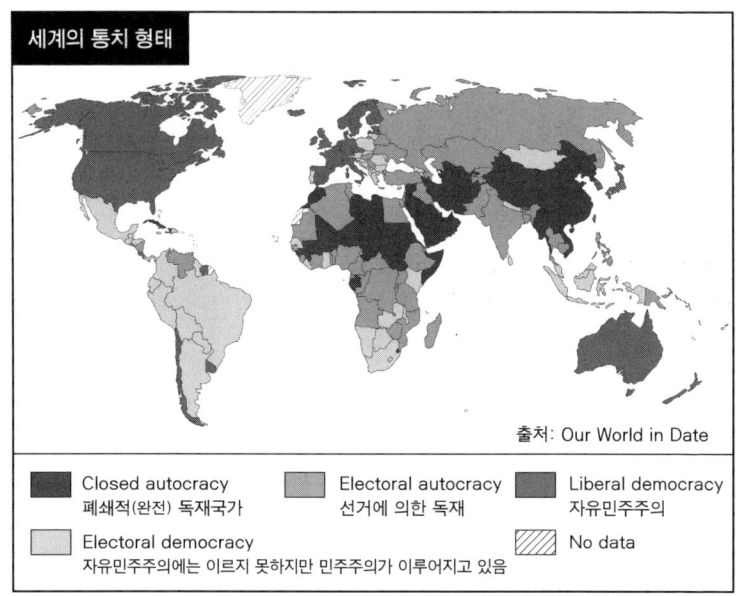

(2)는 이루어지고 있으나 (3)(4)가 결여된 경우를 '**경쟁 과두적 독재체제**'(제한선거가 이루어졌던 시기의 유럽 국가들), 그리고 (3)의 조건이 결여된 경우를 '**선거 독재체제**'(러시아, 말레이시아, 싱가포르)라고 부르는데, 이 부분이 특히 중요합니다.

권위주의 체제의 네 가지 분류를 시간 흐름에 따라서 보면, 2000년부터 2020년까지 '선거 독재체제'의 비율이 급격히 상승하여, 권위주의 체제 국가의 70%를 차지하게 되었습니다.

이는 민주주의의 제3의 물결이 끝나고 민주주의가 후퇴하면서 권위주의화가 진행되는 가운데, 앞서 소개한 서적《민주주의를 가장한 권위주의》의 제목이 상징하듯 '선거 독재'가 증가하고 있다는 것을 보여줍니다.

확산하는 권위주의

제3의 물결이 끝나고 한때 민주주의로 전환되었던 국가들이 다시 권위주의 체제로 회귀하는 경향을 보이는 이유는 무엇일까요. 처칠은 '민주주의가 그나마 가장 나은 제도'라고 했는데, 왜 권위주의로 기울어지는 것일까요.

막연한 감각으로 설명해 보자면, 그것은 자유민주주의를 표방하던 미국과 서유럽 국가들의 위상이 낮아진 것과 관련이 있다고 생각합니다. 다시 말해, 더 이상 롤모델로 여기지 않고 있다고 할 수 있습니다.

1930년대 유럽에서는 이탈리아와 독일의 영향으로 파시즘이 확산했고, 1950년대 이후에는 소련의 사회주의에 대항하여 '민주주의가 더 훌륭하다'(내부 상황에 상관없이)는 메시지가 전 세계로 퍼지면서 민주주의가 확산했습니다. 문제 해결을 위해 주변국이나 강대국을 모방하는 방법으로 위기를 극복하려고 했던 현상은 자연스러운 일이었을 것입니다.

하지만 지금은 미국이나 서유럽의 혼란스러운 정보를 접하는 것이 당연해졌습니다. 1994년에는 세계 GDP에서 주요 7개국(G7)이 차지하는 비율이 67%였으나, 2023년에는 45% 이하로 하락했습니다. 경제적 위상 저하는 정치체제의 매력 감소로 이어졌을 가능성이 있습니다. 또한 제3의 물결로 민주화가 이루어졌지만, 삶의 질이 개선되지 않았다는 점도 영향을 미쳤을 것입니다.

지난 50년간 우리 사회는 크게 변화했습니다. 1990년대부터 진행된 제3차 산업혁명과 현재 진행 중인 제4차 산업혁명이 그 배경에 있습니다. 게다가 경제의 세계화가 진행되면서 한 나라의 경제활동이 세계 경제상황과 긴밀하게 연동되기 시작했고, 생활고에 시달리는 사람들에게는 민주주의는 그다지 의미가 없을 수 있습니다. 변화에 대응하는 것이 민주주의와는 크게 연관성이 없다고 생각할 수 있기 때문입니다.

그 대신 부상하고 있는 것이 권위주의 국가의 전형적인 사례라고 할 수 있는, 선거 독재조차 없는 중국입니다. 21세기 들어 가장 두드러진 경제 성장을 이룬 나라가 중국이기에 그 영향력은 실로 막대합니다. 인권 문제로 인해 서방의 지원을 받지 못하는 국가들이 중국의 지원을 받으면서, 자연스럽게 중국식 정치 방식과 정치적 가치관이 확산할 가능성이 높아졌습니다.

또 하나는 선거 독재의 전형적인 사례인 러시아의 존재입니다. 영국의 브렉시트와 2016년 트럼프가 당선된 미국 대통령 대선을 둘러싸고, 러시아가 인터넷을 통해 가짜뉴스를 유포하고 공포를 조장해 선거 결과에 상당한 영향을 미친 사실이 문제가 되었습니다. 이는 마치 정치체제의 차이로 대립이 뚜렸했던 냉전 시대로 되돌아간 듯한 인상을 줍니다.

이 외에도 제1장에서 언급한 정체성 정치(가치 분배의 정치)로 인해 국내에서 분열이 심화된 점과, 세계화로 인한 이민자의 급증으로 사회가 불안정해진 점도 민주주의를 위태롭게 만드는 요인으로 작용하고 있습니다.

민주주의는 정권교체를 통해 여러 문제를 해결해 나가는 구조를 가지고 있지만, 현대 사회는 환경 문제를 비롯해 장기적인 과제들을 안고 있습니다. 이런 문제들은 몇 년 주기로 치러지는 선거로 해결할 수 없습니다. 이에 대한 불만이 극단적인 사상이나 정책을 주장하는 세력의 성장으로 이어질 수 있습니다.

그렇다면 앞서 언급한 정치체제로서 민주주의의 네 가지 조건이 충족된다면 그것만으로 충분한 민주주의라고 할 수 있을까요? 래리 다이아몬드의 《침식되는 민주주의 – 내부에서의 붕괴와 독재국가의 공격 ILL Winds: Saving Democracy from Russian Rage, Chinese Ambition, and American Complacency》에서는 다음과 같이 말하고 있습니다.

"자유민주주의는 다음과 같은 요소를 내포한다. 보도, 결사, 집회, 신념, 종교 등 기본적 자유에 대한 강력한 보호. 인종적, 문화적 소수자에 대한 공정한 대우. 법 아래 모든 시민이 평등하고, 누구도 법 위에 군림하지 않는다는 확고한 법치주의. 원칙을 지키는 독립적인 사법부. 그 원칙을 추구하는 신뢰할 수 있는 법 집행 기관. 정부 고위직의 부패 행위 가능성을 억제하는 다양한 기관들. 그리고 독립적인 단체, 사회운동, 대학, 출판 등을 기반으로 하는 시민의 이익을 위한 로비 활동과

정부 권력을 견제하는 활발한 시민사회이다."

《침식되는 민주주의》중에서

이처럼 서두에서 언급한 네 가지 조건뿐만 아니라, 사회 전반에 걸쳐 촘촘하게 짜인 안전망이 민주주의를 뒷받침하고 있다고 할 수 있습니다.

스티븐 레비츠키Steven Levitsky와 대니얼 지블랫Daniel Ziblatt 역시 《어떻게 민주주의는 무너지는가-우리가 놓치는 민주주의 위기 신호》에서 '부드러운 가드레일'이라는 **상호적 관용과 조직적 자제**, 이 두 가지 규범이 민주주의를 지탱하는 근본적인 원칙이라고 말하고 있습니다. 이 두 가지 정신이 사라진다면, 대립이 욕설과 비난으로 변질되어 대화 자체가 불가능한 상태로 치닫게 됩니다. 법에 어긋나지 않으면 무엇을 해도 괜찮다거나, 민주주의는 다수결 원칙이니까 선거에서 이긴 쪽은 모든 것을 할 수 있다는 단순한 논리에 대해, 설득력있는 반론을 제시하기가 쉽지 않다는 점이 큰 문제입니다.

즉, **민주주의를 파괴하는 것은 쿠데타를 비롯한 폭력이 아니라, 어쩌면 민주주의 원칙 그 자체일 수 있다는 것입니다.**

《침식되는 민주주의》와《어떻게 민주주의는 무너지는가》모두 2016년 미국 대선에서 트럼프가 당선된 충격으로 쓰여진 책입니다. 그만큼 트럼프라는 존재가 민주주의를 붕괴시킬 위험이 있다고 보았던 것입니다. 하지만, 2024년 미국 대통령 선거에서 트럼프의 재선을 기다리는 사람들이 미국 본국뿐만 아니라 일본에도 존재하고 있다는 사실을 인터넷에서 어렵지 않게 찾아볼 수 있습니다. 게다가 그들에게는 트럼프가 승리하는 것이 민주주의의 실현인 것입니다. 이는 민주주의가 민주주의에 의해 죽어가는 상황을 의미합니다.

2020년 대선에서 트럼프가 패배했을 당시, 우편투표가 조작되었다고 주장하는 사람들이 있었습니다. 그들의 관점에서는 앞서 언급된 네 가지 조건 중 공정한 선거를 하지 않은 주체가 바이든이고, 바이든이야말로 선거 독재를 실행하고 있다고 보는 것입니다.

미국뿐만 아니라 유럽이나 일본에서도 2000년대에 들어서면서 민주주의 퇴보를 우려하는 움직임이 나타나기 시작했습니다. 그것이 포퓰리즘의 부상입니다.

포퓰리스트 · 모멘트

21세기에 들어서면서 포퓰리즘이라는 용어가 전 세계적으로 확산되었습니다. 대표적인 포퓰리즘 사례를 나열해 보겠습니다.

미국에서는 2016년 대통령 선거에 출마한 트럼프가 멕시코 출신 이민자를 범죄자로 몰아가는 혐오 발언, 여성 비하 발언, 그 외에도 많은 망언을 쏟아냈습니다. 이러한 발언들이 여러 언론에서 집중적으로 보도되었음에도 불구하고 그는 결국 당선되었습니다.

브라질에서는 2019년부터 2023년 1월까지 대통령직을 맡았던 보우소나루가 포퓰리스트로 널리 알려져 있습니다. 그는 LGBTQ의 권리를 인정하는 법안이 의회에서 통과되었음에도 불구하고 이를 반대하며, 원주민과 흑인, 이민자들에 대한 차별적 발언을 일삼았습니다. 또한 라틴아메리카에서는 베네수엘라의 차베스와 그의 후계자 마두로, 페루의 알베르토 후지모리, 멕시코의 로페스 오브라도르가 유명합니다. 특히 베네수엘라는 이웃 국가인 가이아나의 3분의 2에 해당하는 에세퀴보 지역의 영유권을 갑자기 주장하면서 긴장이 고조되고 있습니다.

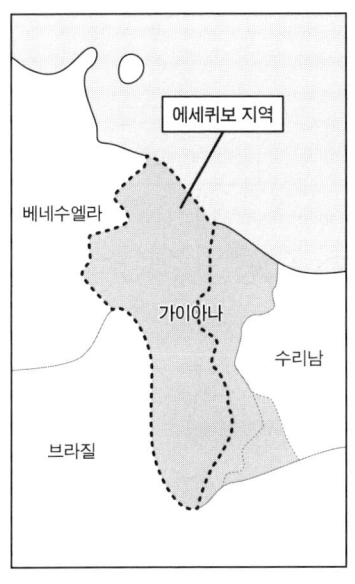

유럽의 가장 대표적인 포퓰리스트로는 '피데스'라는 정당을 이끄는 헝가리의 오르반 총리를 꼽을 수 있습니다. 그는 저출산 문제를 해결하기 위해 막대한 예산을 투입한 것으로 유명합니다.

이탈리아 최초의 여성 총리가 된 조르자 멜로니는 '이탈리아 형제당'이라는 극우정당을 이끌고 있습니다. 또한 독일에서는 반이민, 반난민을 내세운 '독일을 위한 대안(AfD)'이 의회 제3당이 되었고, 스웨덴에서도 반이민을 내세운 '스웨덴 민주당'이 제2당으로 성장했습니다.

유럽의 사례를 일일이 열거하자면 끝이 없을 정도로 사실상 모든 국가에서 포퓰리즘 정당들이 세력을 확장하고 있는 상황입니다. 마지막으로 폴란드에 대해 이야기해 보겠습니다. '법과 정의'가 포퓰리즘 정당으로, 국내 결속을 강화하기 위해 인접국인 독일이나 러시아와의 대립도 마다하지 않으며, 반이민, 반LGBTQ 등 일본 넷우익들이 열광할 만한 정치적 태도와 정책을 내세우고 있습니다. 2023년 총선에서는 제1당이었지만 과반수를 확보하지 못하고 야당 연합에 의해 정권을 잃었습니다. 하지만, 앞으로도 계

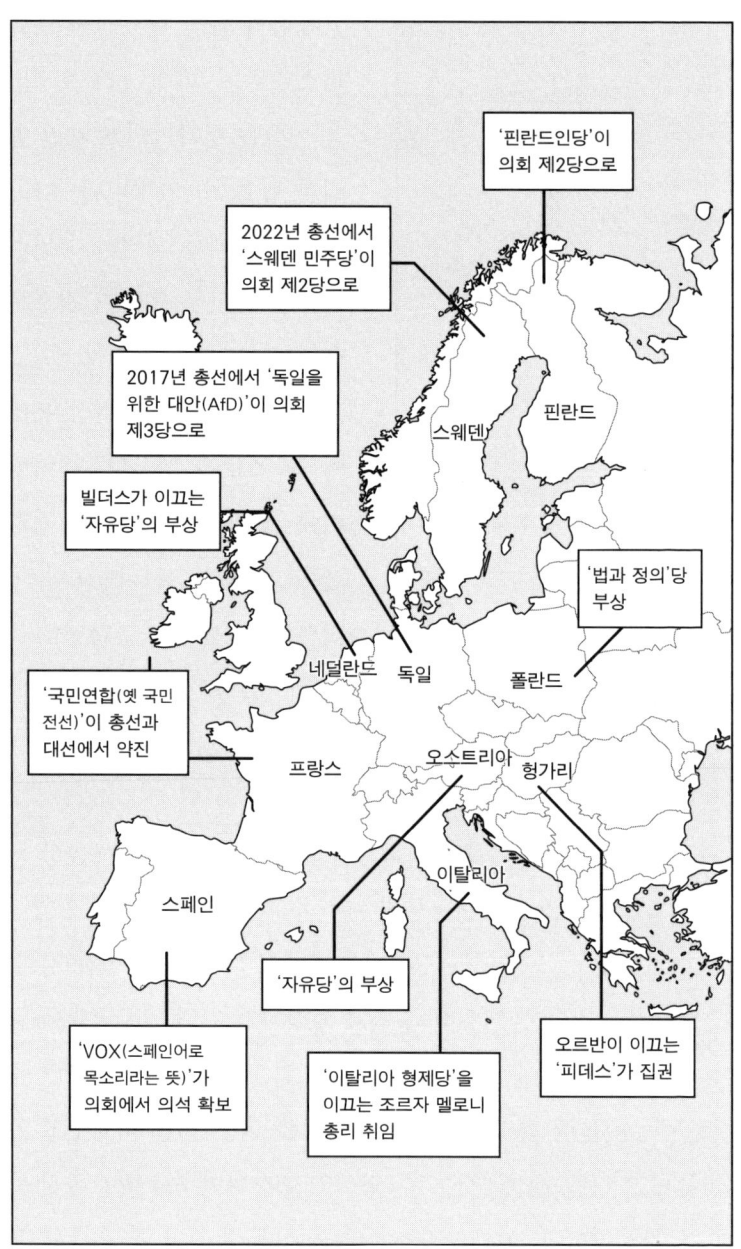

속해서 폴란드의 동향을 주의 깊게 지켜볼 필요가 있습니다.

일본의 포퓰리스트는 고이즈미 준이치로小泉純一郎와 하시모토 도루橋下徹를 꼽을 수 있습니다.

그럼, 포퓰리즘의 개념에 대해 기본적으로 알아두어야 할 몇 가지를 살펴 보겠습니다.

먼저 포퓰리즘이라는 용어는 19세기 말 미국에서 처음 시작되었습니다. 미국 서부의 농민들이 일으킨 정치운동에서 포퓰리스트를 자칭하는 사람들이 등장했습니다. 그들의 주장은 동부의 기득권에 대한 비판이었습니다.

당시 미국은 산업혁명이 진행되면서 공업화가 확산했고, 서부에서 생산된 밀은 도시로 공급되는 중요한 식량 자원이었습니다. 하지만 농산물을 도시로 운반하는 철도 운임이 과도하게 책정되면서 농민들이 얻는 수익이 줄어들자, 이에 대한 불만이 정치운동으로 번지게 되었습니다.

현재까지 이어지는 민주당과 공화당, 양대 정당은 당시 이러한 농민들의 어려움에 귀를 기울이지 않았습니다. 그러자 1892년 대통령 선거에 출마한 포퓰리스트당이 10% 남짓한 득표율로 선전합니다. 결국 민주당이 포퓰리스트당의 주장을 수용하면서 농민들의 정치운동은 짧은 시간에 끝을 맺게 되었습니다.

다음으로 포퓰리즘이 확산한 곳은 라틴아메리카였습니다. 라틴아메리카는 지역이 광범위하지만 산업 구조나 인구 구성에 거의 차이가 없어 여러 나라에서 동시다발적인 정치운동이 전개되었습니다.

19세기 초 독립 이후, 라틴아메리카는 경제적으로는 1차 산업 생산품 수출에 의존해 왔습니다. 정치적으로는 플랜테이션 대지주가 권력을 독점하는 과두지배 체제가 지속되었습니다. 그러나 1930년대 세계 대공황에 라틴아메리카도 타격을 받으면서, 농산물 가격 폭락으로 농민들의 생활이 어려워졌습니다. 이와 같은 상황을 배경으로 각국에서 포퓰리즘 정권이 등장하게 되었습니다.

멕시코의 카르데나스 대통령은 석유 국유화를 단행하였고, 브라질의 바르가스 대통령도 자원 국유화 선언과 노동자 보호 정책을 발표했습니다. 아르헨티나에서는 페론 대통령이 여성 참정권 실현, 노동조합 보호, 노동자 임금 인상, 외국계 기업의 국유화 등 급진적인 정책을 펼쳤습니다. 아르헨티나의 페론 모델은 포퓰리즘의 전형적인 사례로 꼽힙니다.

미국과 라틴아메리카의 포퓰리즘은 교과서에 반드시 등장하는 사례이지만, 1870년대에 러시아에서 붐이 일어난 브나로드 운동(인민 속으로 운동)이나 1950년대 초반에 미국에서 일어난 매카시즘을 범주에 넣는 사람도 있어, 포퓰리즘의 정확한 정의는 여전히 명확하지 않은 상태입니다.

미국과 라틴아메리카의 사례를 보면, 포퓰리즘이 그렇게 나쁜 것으로 보이지 않습니다. 오히려 약자의 편에 서는 긍정적인 이미지로 받아들여지기도 합니다.

그런데 왜 21세기 포퓰리즘이 부정적인 이미지를 갖게 되었을까요? 그리고 포퓰리즘에는 좋은 포퓰리즘과 나쁜 포퓰리즘이 있을까요?

벨기에의 정치학자 샹탈 무페Chantal Mouffe는《좌파 포퓰리즘을 위하여》라는 책에서, 민주주의를 회복하기 위한 전략으로 포퓰리즘을 활용해야 한다고 주장합니다. 포퓰리즘이 우파에 의해 왜곡되지 않도록 하기 위해서라도 좌파가 포퓰리즘을 활용해야 한다는 주장입니다. 즉, 현대의 포퓰리즘은 우파 포퓰리즘으로 나타나며 여기서 말하는 우파란, 민중의 불만을 이용해 민주주의를 부정하려는 뉘앙스를 의미합니다.

하지만 무페와 같은 방식으로 좌우로 포퓰리즘을 구분하기보다 '좌우가 아닌, 위아래의 문제'라는 인식이 더 일반적입니다. 포퓰리즘이 아래에서 일어나는 운동이라는 인식은 미국과 라틴아메리카에서 발달했고, 현재 확산하는 포퓰리즘의 공통된 특징입니다. 이는 반엘리트주의적 성격을 가지고 있다고도 할 수 있습니다.

다만, 포퓰리즘에는 민주주의가 가진 상반된 두 가지 요소가 결합되어 있다는 점을 염두에 두어야 합니다.

이 두 가지 요소를 무페처럼 좌우로 표현하면 정책 차원의 차이를 의미하게 되므로, 여기서 다룰 내용은 좌우와는 무관합니다. 상반되는 두 가지 요소에 대해서는《포퓰리즘이란 무엇인가: 민주주의의 적인가, 개혁의 희망인가ポピュリズムとは何か-民主主義の敵か, 改革の希望か》에 기술된 내용을 바탕으로 정리해 보았습니다.

민주주의에는 두 가지 유형이 있습니다. 하나는 단순한 민주주의로, 이는 직접 민주주의적 성향을 가지고 있으며 민중에 의한 권력 집중이라는 측면이 있습니다. 다른 하나는 자유민주주의로,

간접 민주주의, 법치주의, 권력의 억제라는 측면이 있습니다. 앞서 소개한 래리 다이아몬드의 인용문 서두에서 '자유민주주의는 다음과 같은……'이라고 서술된 부분을 통해, 그는 단순한 민주주의가 아닌 자유민주주의임을 분명히 밝히고 있습니다.

자유민주주의 관점에서 보면 포퓰리즘은 매우 위험한 운동입니다. 권위주의로 가는 길을 여는 것처럼 보이기 때문입니다. 이유는 다음과 같습니다.

(1) 문제 해결을 위해 절차를 무시한다.
(2) 다수결 원칙을 중시하여 소수파의 주장이 무시된다.
(3) 사법이나 관료제와 같은 비민주적인 제도와 권한을 제한하고, 그때그때의 분위기에 휩쓸리는 정치가 된다.
(4) 국민을 동원하기 위해 적과 아군, 이분법적으로 나누는 사고로 인해 사회에 균열이 일어난다.

포퓰리즘이 민주주의를 부정하는 것이 아니기 때문에 오히려 **민주주의를 위협하는 결과로 이어질 우려가 있다는 것입니다.**

반면 단순히 민주주의의 관점에서 보면, 포퓰리즘은 **민주주의를 활성화시킬 수 있다**는 주장도 가능합니다.

(1) 정치에서 배제된 사람들의 정치 참여를 유도한다.
(2) 기존의 틀에 얽매이지 않는 새로운 정치, 사회적 결속력을 만들어 정치의 혁신을 가능하게 한다.

(3) 문제를 개인이 해결하는 것이 아니라, 정치적 논의의 장으로 이끌어 '정치' 그 자체의 복권을 촉진한다.

20세기부터 21세기로 접어들면서 농업사회에서 공업화 사회로, 나아가 포스트 공업화 사회로 산업구조가 변하면서, 농업조합이나 노동조합에 조직화되지 않은 사람들이 급증하게 되었습니다. 특정 정당을 지지하지 않는 무당파층도 늘어나고 있습니다. 이러한 이들에게 접근하는 것이 포퓰리즘이라면, 확실히 포퓰리즘은 민주주의 활성화에 기여한다는 주장은 설득력을 가집니다.

포퓰리즘이 급속도로 확산된 배경에는 이민을 둘러싼 갈등이 있다고 지적합니다. 그렇다면 이제부터 그 부분에 대해 살펴보겠습니다.

무엇이 배외주의를 낳는가

  21세기 포퓰리즘은 다수의 민주주의 국가에서 세력을 키워가고 있는데, 유럽의 포퓰리즘 배경에는 이민자 증가가 중요한 요소로 지적되고 있습니다.

  유럽에서는 17세기 이후, 일부 국가들이 적극적으로 이민자를 수용해 왔습니다. 특히 네덜란드나 영국처럼 아시아, 아프리카로 세력을 확장했던 국가들이 대표적입니다.

  제2차 세계대전 이후, 독일 같은 경우에는 노동력 부족을 해결하기 위해 튀르키예인의 이주를 받아들이는 등 유럽의 이민자 수는 점차 증가했습니다. 이 과정에서 이민자들에게 자신들의 일자리를 빼앗겼다고 생각하거나, 저임금으로 일하는 이민자들 때문에 전체 임금도 줄어들었다는 경제적 불만을 가지게 되었고, 이는 배외주의의 확산으로 이어졌다고 설명됩니다.

  미국에서도 러스트 벨트(쇠락한 공업지대)라고 불리는 북동부와 중서부 지역, 특히 일리노이, 인디애나, 미시간, 오하이오, 위스콘신과 같은 주에서 산업구조 변화로 일자리를 잃은 노동자들이 포

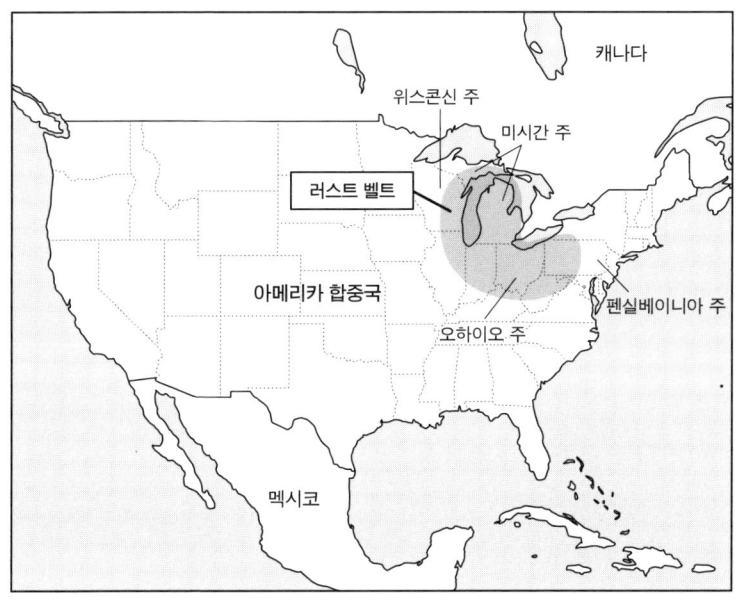

풀리스트인 트럼프를 지지하는 현상이 나타났습니다.

분명 포퓰리즘은 '아래'로부터의 운동이기 때문에 이 설명은 일리가 있습니다. 그러나 저소득층이 외국인 노동자를 혐오하는 배외주의로 이어진다는 설명은 정치학적으로 볼 때 다소 석연치 않은 부분이 있습니다. 《유럽의 배외주의와 내셔널리즘: 조사로 보는 여론의 본질 欧州の排外主義とナショナリズム─調査から見る世論の本質》은 다양한 통계 분석을 통해 **배외주의의 확산은 경제적 요인보다 문화적 태도와 같은 비경제적 요인이 훨씬 크다는 점**을 지적하고 있습니다. 배외주의적 성향을 가진 사람들은 소득의 정도, 실업 여부, 연령, 남녀의 차이와 같은 요소에 크게 영향을 받지 않는다는 것입니다.

일본의 연구에서도 비슷한 결과가 나타났는데,《넷우익이란 무엇인가ネットネ右翼とは何か》와《일본은 '우경화' 되었나日本は「右傾化」したのか》등을 통해 정규직이나 경영자 계층에서 배외주의적 성향이 강하게 나타난다는 사실이 밝혀졌습니다. 저도 종종 거리에서 배외주의적 주장을 펼치는 넷우익을 관찰하곤 하는데, 그들 중에는 연금생활자로 보이는 사람이 많았고, 여성도 적지 않았습니다. 아무리 봐도 그들이 외국인 노동자와 경쟁하고 있다고 보기 어려웠습니다. 요컨대 포퓰리즘(아래에 있는 사람들에 의한 운동)과 배외주의는 직접적인 연관은 없어 보입니다.

비경제적인 측면에서 배외주의가 나타나는 경우를 폴란드 사례로 살펴보겠습니다.

2015년에 이슬람계 난민이 그리스와 이탈리아로 몰려들자,* 대응책으로 EU 이사회는 EU 회원국들이 난민을 분담하여 수용하기로 결정합니다.

이 결정이 내려질 무렵, 마침 폴란드에서는 총선이 치러졌고, '법과 정의'라는 정당은 난민 문제를 쟁점으로 부각시켰습니다. 난민이 질병을 가져온다, 이민자들은 폴란드 문화를 존중하지 않는다, 이민자들이 여성을 공격한다 등의 공포를 조장하는 캠페인을 전개했습니다. 경제적인 이유는 내세우지 않았습니다.

---

* '아랍의 봄'의 혼란 속에서 시리아와 리비아에서 내전이 시작되었고, 그 참화를 피해 수많은 난민이 유럽으로 피신해 왔다. 특히 2015년에는 난민이 대거 국외로 탈출하여 큰 문제가 되었다. 2014년, EU 회원국에 난민이 제출한 망명 신청은 63만 건이었으나, 2015년에는 130만 건으로 두 배 이상 증가했다.

이 과정에서 주목할 점은, 반EU 정서가 반이민 정서와 결합된다는 점입니다. 유럽의 배외주의(반이민) 운동이 반EU로 이어지는 현상은 영국의 브렉시트 사례만 봐도 확인할 수 있습니다.*

당시 유럽에는 500쪽이 넘는 방대한 분량에도 불구하고 베스트셀러가 된 《유럽의 죽음-다문화의 대륙인가? 사라지는 세계인가?》라는 우파 성향의 저널리스트가 쓴 반이민 르포가 있었습니다. 이 책은 이민자들이 저지른 범죄를 보도하려고 해도 인종차별주의자로 낙인찍힐 우려 때문에 보도할 수 없고, 다양성과 다문화주의라는 사상 때문에 이민자를 받아들일 수밖에 없으며, 그로 인해 사회가 혼란에 빠지고 있다고 주장합니다. 서유럽이 스스로 만들어낸 가치관으로 인해 고통받고 있다고 고발하는 내용이었습니다.

2015년에는 파리에서 두 가지 큰 사건이 일어납니다. 하나는 샤를리 에브도 테러, 다른 하나는 동시 다발 테러입니다.** 또한 같은 해, 스웨덴에서는 시리아 난민이 축제 현장에서 여성을 집단 폭행하는 사건도 발생했습니다. 이러한 사건들은 이민자나 난민에 대해, 가치관이 다르다는 감각을 자극하며 배외주의 정서를 더욱 깊어지게 하는 계기가 되었습니다.

---

* 가짜뉴스라는 단어가 널리 퍼지게 된 계기는 브렉시트였다. 2016년 영국의 EU 탈퇴 찬반 여부를 묻는 국민투표 당시, EU에 매주 지급하는 3억 5,000만 파운드를 자국 복지에 사용하자는 메시지가 SNS에서 확산했으나, 이는 거짓 정보였다.

** 샤를리 에브도 사건이란, 이슬람 극단주의자들이 무함마드 풍자만화를 게재한 신문사를 습격해 경찰관을 포함 12명을 살해한 사건이다. 동시 다발 테러 사건이란, 파리 시내 6곳에서 ISIS 전투원이 총격과 폭탄테러를 일으켜 130명이 사망한 사건이다.

유럽에서는 주권국가 위에 EU가 존재하고, EU가 이민을 강요한다는 인식으로 인해 반EU=반이민이라는 구도가 성립되고 있습니다. 하지만, EU와 같은 조직이 없는 미국이나 일본에서의 반이민 감정은 무엇과 결합될까요? 그 해답은 일본이나 미국에서 사용되기 시작한 반글로벌리즘이라는 용어에서 찾을 수 있습니다. 글로벌리즘이 이민을 증대시키고, LGBTQ 문제를 야기하며, 백신 접종을 강요해 인체실험을 한다는 등 모든 악의 근원이라고 비판합니다.

그런데 정작 글로벌리즘이 무엇이냐고 물으면, 그 정체는 실체 없는 유령과 같아서 유대인이다, 국제금융자본이다, 딥 스테이트다, 온갖 음모론과 얽히게 됩니다. 〈유럽의 배외주의와 내셔널리즘〉에서는 **정치적으로 무관심한 계층일수록 반이민 주장에 동조하지 않으며, 오히려 정치에 관심이 높은 계층에서 반이민 정서가 나타난다고 지적하고 있습니다.** 일본의 경우, 반이민 감정이 유럽이나 미국에 비해 약한 것처럼 보이는데, 이것은 국정 선거 투표율이 50%에도 못 미치는 낮은 정치적 관심과 관련이 있는지도 모릅니다.

EU에 주권을 일부 양도한 유럽 각국에서는 EU를 설립한 본래의 목적을 되새기며, 유럽에 거주하는 사람들의 공통된 기억으로 유럽의 역사와 자국의 역사를 연결하려는 노력이 지속되어 왔습니다. 그러나 반EU 목소리가 커지면서 자국 중심적인 역사수정주의가 모습을 드러내고 있습니다. 미국이나 일본에서도 음모론과 결부된 역사수정주의가 배외주의와 손을 잡고 지난 20년 동안 서서히 세력을 넓히고 있습니다.

다음으로 역사수정주의에 관해 이야기해 보겠습니다. 직관적인 생각일지도 모르지만, 이민자나 난민을 비롯한 외국인에 대한 포비아(공포증)는 그들이 국민 서사를 함께 공유할 수 없다는 감각에서 비롯되는 것은 아닐까 하는 생각이 듭니다.

의도적으로 역사를 다시 쓰는 역사수정주의

수정주의revisionism라는 용어만큼 시대에 따라 그 의미가 변화해 온 단어도 드물 것입니다.

역사학에서 수정주의라는 단어는 영국사 연구 과정에서 처음 등장했습니다. 영국에서는 휘그 사관Whig historiography이라 하여, 영국 역사의 발전은 인류 전체가 공유해야 할 보편적인 가치라는 견해를 19세기에 확립하게 됩니다. 19세기는 영국이 패권을 쥐고 정치적, 경제적으로 압도적인 영향력을 행사하던 시기였던 만큼, 이러한 주장은 시대적 상황 속에서 자연스럽게 받아들여졌다고도 볼 수 있습니다. 실제로 입헌정치나 의회정치가 영국에서 확립되어 전 세계로 퍼져나간 사실은 누구도 부정할 수 없을 것입니다.

그러나 20세기에 들어서면서 역사학 자체에서도 새로운 흐름이 나타나고 휘그 사관을 비판하는 다양한 학문적 성과들이 축적되기 시작했습니다. 17세기 청교도 혁명의 성격에 대한 재고를 시작으로, 16세기 종교 개혁이나 18세기 산업혁명의 실상을 재조명하는 흐름이 나타났습니다.

이러한 움직임을 수정주의라고 부르는데, 이때의 수정주의는 전혀 부정적인 의미를 담고 있지 않습니다. 학문의 발전으로 새로운 시각이 나타났다는 의미에 가까웠습니다. 그러나 20세기 후반에 들어서면서부터 수정주의라는 용어에 부정적인 의미가 더해지기 시작했습니다. 그래서 역사 연구의 새로운 시각을 제시하는 흐름은 단순히 '수정'이라 하고, 부정적 의미가 있는 경우를 '수정주의'라고 부르게 되었습니다.

부정적인 의미란, 정치적인 의도를 가지고 역사적 사실을 자의적으로 재해석하여, **역사를 정치에 종속시키려는 시도**를 말합니다.

역사수정주의라는 단어가 부정적인 의미를 강하게 갖게 된 계기는, 제4장 독일 편에서 언급한 독일의 역사학자 논쟁에서, 하버마스가 놀테를 비롯한 일부 학자들을 비판했을 때부터라고 알려져 있습니다.

수정주의자로 불리는 사람들은 '사회의 다수파의 사고방식은 주류파가 언론을 통해 만들어낸 산물로 잘못된 것이며, 옳은 것은 우리들이다'라고 주장하기 때문에 수정주의＝정의라고 여기고 있습니다.

일본에서도 《역사수정주의로부터의 도전: 일본인은 '일본'을 되찾을 수 있을까?歷史修正主義からの挑戰: 日本人は「日本」を取り戻せるのか》와 같은 책에서 수정주의라는 단어를 제목에 당당히 사용하고 있습니다. 《넷우익, 미국에 가다: 일본 넷우익이 사상 처음으로 미국 정치인들과 본심 배틀!ネトウヨ アメリカへ行く: 日本の

의도적으로 역사를 다시 쓰는 역사수정주의 **267**

ネトウヨが史上初めて米国政治家たちとの本音バトル!》도 같은 맥락입니다. 무슨 생각으로 넷우익이라는 비하적 용어를 스스로 책 제목에 사용했는지 저자에게 물어보고 싶습니다. 혹시 넷우익이라는 표현을 정의와 동일시하고 있는 것은 아닌지 궁금합니다.

수정주의라는 용어의 의미가 크게 변하면서, 오늘날 유럽과 미국에서는 수정주의라는 단어 대신에 '(역사)부정론'이라고 부르고 있습니다. 제4장에서 언급한 앙리 루소가 말한 '부정주의' 개념에서 파생된 것으로 보입니다. 다만, 부정론은 '홀로코스트는 없었다'와 같은 역사적 사실 자체를 부정하는 경우에는 적합하지만, 일본의 전쟁은 아시아 해방을 위한 것이었다 등의 과거를 긍정적으로 재해석하는 경우에 대해서는 부정론이라는 용어가 다소 어색하게 느껴질 수 있습니다. 수정주의와 부정론의 경계를 명확히 나누기는 어렵지만, 두 용어를 적절히 구분해서 사용하는 것이 바람직하다고 생각합니다.

《역사수정주의: 히틀러 찬미, 홀로코스트 부정론부터 법 규제까지 歷史修正主義—ヒトラー賛美、ホロコースト否定論から法規制まで》는 역사수정주의와 역사부정론을 배우려면 반드시 읽어야 할 책입니다.

"역사수정주의의 문제는 정치적 의도가 존재한다는 데 있는 것 같다. 역사수정의 목적은 정치체제의 정당화 또는 이에 불리한 사실의 은폐이다. 현 상황을 필연적인 결과로 설명하기 위해, 혹은 현 상황을 비판하기 위해 역사적 시나리오를 제공한다. 이것이 바로 '주의=이즘'으로서의 역사수정주의다. (중략) 이 때문에 역사수정주의는 역사의 정치적 이용 문제와 항상 결부되어 있다."

《역사수정주의》 중에서

인터넷에서 스스로 보수라고 자처하는 사람들 대부분이 역사수정주의 입장에 서 있습니다. 그들은 이제야 진실에 눈을 떴다고 주장하고, 일본의 교육을 바꿔야 한다며 '교육'이라는 두 글자를 꺼내듭니다. 역사 교과서는 진실을 담고 있지 않다, 학교에서 배운 것은 모두 거짓 역사다, 라는 식의 주장을 하지만, 그들에게 교육이란 역사 교육만을 의미합니다. 그래서 그들은 역사 교과서를 고치는 데는 열의를 보이지만, 그 외 다른 교과목에 대해서는 전혀 언급하지 않습니다.

하지만 《역사수정주의》 저자는 이렇게 묻습니다.

"그러나, 왜 역사를 정치적 목적으로 사용해서는 안 되는 것일까?"

《역사수정주의》 중에서

여기까지 읽은 현명한 독자라면 이 질문의 의미를 이해했을 것입니다. 국민국가는 국민의 집합적 기억으로서 스스로 서사를 만드는데, 이는 의도적으로 어떤 사실을 망각하는 형태로 신화를 만들어냅니다. 즉, **국민의 서사로서 형성되는 역사 자체가 정치적 목적에 따라 '수정'되고 있는** 셈입니다.

그래서 역사수정주의를 쉽게 일축하기는 어렵습니다. 역사를 정치에 이용하는 것이 왜 문제인가? 라는 질문은 제4장에서 언급한 역사가 논쟁에서도 중요한 논점이었는데, 이에 대해 지금까지 누구도 납득할 만한 답을 제시하지 못하고 있는 듯합니다. 이와 관련해 한 가지 중요한 점을 덧붙이고자 합니다. 1970년대 무렵부터 유행한 역사학을 포함한 인문사회과학 전반에 큰 영향을 미친 언어론적 전환입니다. 간단히 말하자면, 어떤 객관적인 사실을 언어로 설명할 수 있다는 생각은 잘못된 것이며, 언어는 그 사실을 해석하는 도구일 뿐이라는 것입니다. 즉, 언어로 표현된 사실조차 단지 해석에 불과하기 때문에 사실 그 자체가 아니라는 의미입니다. 그렇다면, 언어로 표현되지 않은 사실이 존재한다면, 그 사실은 어떻게 될까요?

이는 '사실이란 무엇인가'라는 심각한 문제를 초래하게 됩니다. 언어를 사용하지 않고는 사실을 인식할 수 없는데, 언어를 사용하는 것 자체가 사실을 왜곡하고 있다는 역설이 생기기 때문입니다. 역사학은 본래 자료를 바탕으로 사실을 인식하고, 그 인식에 의미를 부여하기 위해 해석을 더하는 성격의 학문인데, 그 근본적인 사실을 인식하는 것 자체가 불가능하다고 한다면 학문의 존재 의의를 의심받게 됩니다.

역사를 정치에 이용한다는 전제를 받아들인다 하더라도, 그 과정에서의 역사학의 역할이 명확하지 않다면 역사는 더욱 쉽게 정치에 종속될 수밖에 없습니다. 이 부분은 철학적 영역에 속한 문제이기 때문에 여기까지만 하겠습니다.

핵심은, 객관적으로 올바른 역사란 존재하지 않으며, 국민의 서사로서의 올바른 역사, 즉 정치적으로 옳은political correctness 역사만이 존재할 뿐이라는 것입니다. 하지만 그 옳음이 성립하려면 자국 내에서만 통용되는 것이 아닌, 타국의 시선에서도 일정 수준의 정당성을 가진 서사여야 한다는 점이 국민국가에서 역사를 논할 때 최소한의 예의라고 할 수 있습니다.

'정사正史'라는 신화=컬처에 대해, 수정주의=서브 컬처가 어디까지 대항할 수 있을지 모르겠지만, 수정주의가 다양한 오컬트 사상과 연계되어 확산하는 현상을, 가벼운 잡지 기사를 읽듯 속설과 함께 유머를 곁들여 소비할 수 있는 리터러시를 갖추는 것이 무엇보다 중요합니다.

역사수정주의와 연결되는 음모론

이 책도 끝이 다가오고 있습니다. 역사수정주의(부정론 포함)가 터무니없는 사고방식과 어떻게 연결되는지에 대해 이야기해보려 합니다.

우선 음모론에 대해 살펴보겠습니다. 최근 들어 음모론이라는 단어가 자주 등장하고 있습니다. 이 용어 자체는 오래전부터 존재했지만, 미국 대선에서 트럼프가 후보로 나오면서 일본에서도 대중에게 널리 퍼지기 시작한 것 같습니다.

음모론의 범위는 매우 넓고 다양합니다. 유명한 유대인 음모론(유대인이 세계 정복을 위해 비밀리에 조종, 통제하고 있다는 근거 없는 주장)을 비롯해, 미국 정부가 외계인에 의해 조종되고 있다거나, 기후변화는 거짓이라는 주장까지 셀 수 없을 정도입니다. 이러한 이야기들이 술자리에서 가벼운 농담으로 소비되는 정도라면 큰 문제가 되지 않지만, 실제로는 꼬리에 꼬리를 물고 과장되고 재생산되면서 유대인 음모론처럼 수백 년 동안 지속되기도 합니다. 그리고 실제로 거대한 비극을 초래한 역사적 사례가 있었다는 것을 고려하면 학문적으로도 연구가 축적되어 있어야 마땅하지만, 최근에 들어서야 본격적인 연구가 이루어지고 있는 듯 보입니다.

음모론에 대한 개념은 그 정의조차 명확하지 않지만, 최소한의 핵심적인 특징들에 대해 정리해 보면 다음과 같습니다.

(1) 우연을 인정하지 않고, 모든 것은 필연이라고 생각한다.
(2) 모든 사건은 긴밀히 연결되어 있다고 생각한다.
(3) 결과에서 원인을 역으로 추론한다.

예를 들어 A라는 사람이 전쟁 이후에 큰돈을 벌었다고 가정해 봅시다. 그래서 A가 전쟁을 일으켰다고 생각하는 것이 전형적인 음모론적 사고입니다.

어떤 프로젝트를 담당하던 사람이 갑작스럽게 지병으로 세상을 떠났을 경우, 프로젝트를 반대하던 사람이 살해했다고 주장하는 것도 마찬가지입니다. 할아버지가 친미 정치인이었으니, 손자인 정치인도 분명히 미국과 모종의 관계가 있을 것이라고 단정짓는 것도 위험한 사고입니다.

사악한 세력들이 어딘가에서 모든 일을 조종하고 있다는 선악 이원론적 사고. 이는 **악한 엘리트와 선량한 민중이라는 이분법에 기반한 포퓰리즘과 맞닿아 있습니다.**

잘 만든 2시간짜리 TV 드라마처럼, 전반부에 복선을 단단히 깔아놓고 후반부에 이 복선을 되돌리면서 마지막 장면에서 시청자를 깜짝 놀라게 만드는 장면으로 전개하는, 이런 방식으로 역사를 설명한다면 재미는 있을 것 같습니다. 역사수정주의에서 자주 사용하는 기법이기도 합니다.

"음모론자에게 증거는 의미가 없다. 그들의 주장에 대한 강력한 반증이 되는 사실이 눈앞에 있어도 받아들이기를 거부하고 자신의 세계관에 맞게 해석한다. 즉, 자신이 믿는 '현실'의 모습이 먼저 존재하고, 이를 설명할 수 있는 근거는 있지만 증거를 제시할 필요가 없기 때문에, 현실을 해석하는 방식은 얼마든지 가능하다. 더 나아가 이미 존재하는 동기가 그들의 인식을 결정하기 때문에, 원인과 결과 사이의 관계에 오류가 있다."

《역사수정주의》중에서

음모론과 결합하기 쉬운 것 중 하나가 스피리추얼Spiritual입니다. 음모론=컨스피러시Conspiracy와 합성된 컨스피리추얼리티Conspirituality라는 신조어까지 등장했습니다.

스피리추얼은 매우 광범위한 개념으로, 한 개인이 다룰 수 있는 영역이 아닙니다. 대형 서점의 종교 코너에 관련 서적이 진열되어 있는 것만 봐도 알 수 있듯, 스피리추얼은 일종의 종교적 성격을 갖고 있다고도 볼 수 있습니다.

1970년대 미국에서는 뉴에이지New Age라는 사상이 붐을 일으키며 전 세계로 퍼졌습니다. 이것이 현재 스피리추얼로 발전하게 되었고, 정신세계나 우주의 에너지, 초자연 현상, 신비적인 체험 등을 가리키는데, 죄송하게도 저는 이러한 영역에 대한 지식이 거의 없어 자세히 설명할 수 없습니다.

제가 스피리추얼에 흥미를 느끼지 못한 이유는, 프랑스의 인류학자 클로드 레비 스트로스Claude Levi Strauss가 《야생의 사고》에서 언급한, '브리콜라주bricolage'이기 때문입니다.

《야생의 사고》에서 레비 스트로스는 현대인의 과학적 사고를 '엔지니어', 미개인의 야생적 사고를 '브리콜라주'라고 설명했습니다. 여기서 어느 쪽이 더 우월하거나 열등하다고 따지는 것이 아닙니다. 단지, 브리콜라주란 손에 있는 모든 것을 이용해 무언가를 만드는 것이고, 엔지니어는 무엇을 만들지 정한 후에 재료를 준비하는 방식이라는 것입니다.

예를 들어 카레라이스를 만들 때, 먼저 레시피를 보고 재료와 조미료를 구매하는 것이 엔지니어형이고, 냉장고에 있는 재료들을 보며 이걸 넣어보면 어떨까?, 이 조미료도 괜찮지 않을까? 하면서 만드는 것이 브리콜라주형입니다. 어떤 방식이 더 맛있는 요리가 될지는 알 수 없습니다.

스피리추얼은 브리콜라주처럼, 주어진 것들을 모두 연결해 나갑니다. 이러한 **스피리추얼의 연결방식이 음모론과 매우 잘 맞아떨어지는 부분이 있는 것** 같습니다.

예를 들어 농약은 땅의 생명력을 약하게 만들기 때문에 무농약 농법을 해야 한다는 주장은 개인의 신념에 따라 실천하는 데에는 문제가 없지만, 국가 차원의 농업 정책으로 삼는다면 문제가 될 수도 있습니다. 또는 외래종이 토종을 밀어내 생태계를 파괴한다, 나 자신도 이 생태계 안에 연결된 일부이므로 생태계를 파괴할 우려가 있는 외래종을 제거해야 한다는 주장도 그 수준에서 멈춘다면 괜찮겠지만, 이를 인간 사회에 적용하기 시작하면 쉽게 배외주의자가 탄생할 수 있습니다.

컨스피리추얼리티는 배외주의와 쉽게 결합될 수 있습니다. 외래종을 제거하자는 주장은 혐오 발언에 해당하며, 이는 곧 자국 중심적인 내셔널리즘과 맞닿아 있는 역사수정주의로 이어지게 됩니다.

'외래종으로 인해 우리나라는 항상 위험에 노출되어 있다. 전통적 가치관을 지키기 위해 외래종은 철저히 제거해야 한다. 외국에서 들여온 동성결혼이나 LGBTQ의 권리 같은 것은 인정할 수 없다.'

'제2차 세계대전에서 일본은 패배했지만, 미국은 일본을 매우 두려워했기 때문에 철저하게 일본을 약화시키려 했다. 쌀 대신 밀을 먹게 하려고 했고, 일본인의 정신의 원천이라고 여겨지는 'そしじ(소시지)'*라는 문자의 사용도 금지시켰다. 하지만 전쟁을 경험한 일본인은 위대했다. 순식간에 경제대국으로 성장했다. 이를 두려워한 글로벌 세력은 일본항공 123편이 자위대의 실수로 격추된 사실을 숨기고, 대신 플라자 합의를 통해 엔고円高를 인정했다. (이하 생략)'

이와 같은 역사수정주의는 반글로벌리즘, 반외세, 음모론, 스피리추얼, 혐오 발언과 결합해 거대한 이야기를 만들어내는데, 이러한 이야기를 진지하게 믿는 사람들과 과연 대화가 가능할까 하는

* 「宗(종)」, 「主(주)」, 「神(신)」을 조합한 단어.

의문이 생깁니다.

　어떤 사안이 정치적인 장에 올라오면 결국은 다수결로 결정해야 하는데, 패배한 쪽은 결코 이를 납득하지 못할 것입니다. 2021년 미국 국회의사당 습격사건은 그러한 불만이 현실로 나타난 사례입니다.

　국민국가의 형성과 함께 국민국가 간의 분쟁이 시작되었습니다. 국민국가 내부에서도 국민들 사이의 대립이 일어납니다. 과거를 둘러싸고 서로 미워하며, 가까운 곳에서도 지구 반대편에서도 세계는 끊임없는 분쟁에 시달리고 있습니다. 그 분쟁이 말싸움으로만 끝나기를 바라는 마음으로, 다양한 갈등의 양상을 진지하게 지켜보고자 합니다.

맺음말

능력이 부족한 인간은 독창성을 추구하기보다는 이미 존재하는 것들을 받아들이는 편이 인생에 더 의미 있는 일이 아닐까—언젠가부터 그런 생각을 하게 되었습니다. 그래서 이 책에는 독창성을 전혀 찾아볼 수 없습니다. 그렇지만, 현재 세계가 직면한 내셔널리즘 문제와 역사인식을 둘러싼 문제들을 카탈로그 형식으로나마 간결하게 정리해 보았습니다.

이 책이 세상을 더 깊고 넓게 바라보는 데 첫걸음이 되기를 바랍니다. 저자로서 바라는 것이 있다면, 설령 이 책이 다 읽힌 후 버려지더라도 갈등과 분쟁이 끊이지 않는 세상을 이해하는 데 도움이 되었다면 그것으로 충분합니다.

우리는 인터넷을 통해, 독서를 통해, 미지의 세계를 접할 수 있는 축복받은 시대에 살고 있습니다. 내일을 생각할 수 있는 여유도 누리고 있습니다. 그렇기에 우리는 세상에서 벌어지는 다양한 사건들을 주시하고 감시하는 시선을 가질 수 있습니다.

대부분의 사람은 활동가도 아니고, 활동가가 될 의무도 없습니다. 하지만, 불합리한 사건이나 불의에 대해 '우리는 잊지 않고, 계속 지켜볼 것'이라는 자세를 유지하는 것이 세계의 분쟁 해결에 도움이 되는 가장 가까운 길이라고 믿습니다.

　마지막까지 읽어주신 독자 여러분께 진심으로 감사드립니다. 또한 이 책을 기획하고 함께 만들어 준 편집자에게도 깊은 감사를 전합니다.
　악기 연주도 매일 몇 분씩의 꾸준한 연습으로 실력을 쌓아가듯, 매일 몇 분이라도 세상을 바라볼 수 있도록 우리의 눈이 되어 주시는 저널리스트와 연구자들께도 고마움을 전합니다.

옮긴이 김해경

서울에서 태어나 1999년에 일본으로 건너갔다. 프리저널리스트 집단 아시아프레스에 소속된 저널리스트로, 다큐멘터리 〈조국을 바라보며-러시아 연해주 고려인 소녀의 여름〉 등을 발표했으며, 〈한국 저널리스트가 본 북한〉〈동북아시아 교류를 어떻게 넓힐까〉로 일본 방송에 출연해 한반도 문제를 주제로 발표했다. 2004년부터 2010년까지 시사주간지 《선데이 마이니치》의 '반도를 읽는다' 코너에 한반도 관련 기사를 기고했다. 옮긴 책으로는 《할머니의 노래》《공습》 등이 있다.

지도로 읽는 분쟁 세계사

초판 1쇄 발행 | 2025년 7월 31일

지은이	아라마키 도요시
옮긴이	김해경
책임편집	유인창
디자인	윤철호
펴낸곳	(주)바다출판사
주소	서울시 마포구 성지1길 30 3층
전화	02-322-3675(편집) 02-322-3575(마케팅)
팩스	02-322-3858
이메일	badabooks@daum.net
홈페이지	www.badabooks.co.kr
ISBN	979-11-6689-361-2 03300